REALSCHULE 2016

Original-Prüfungsaufgaben

Mathematik
Deutsch
Englisch

Hessen

2011–2015

STARK

12. ergänzte Auflage
www.stark-verlag.de

Inhalt

Mathematik

Deutsch

Englisch

Jeweils im Herbst erscheinen die neuen Ausgaben
der Abschluss-Prüfungen an Realschulen.

Hinweise

Dieser Sammelband enthält die schriftlichen Abschlussprüfungen, die in den Fächern **Mathematik und Englisch** an Realschulen in Hessen in den Jahren 2011 bis 2015 zentral gestellt wurden. Seit dem Schuljahr 2011/2012 hat sich die Abschlussprüfung im Fach **Deutsch** geändert. Zur optimalen Vorbereitung auf die Prüfung enthält das Buch die Offizielle Beispielaufgabe sowie die Abschlussprüfungen 2012 bis 2015.

Verwende diese Aufgabensammlung, um dich selbstständig und effektiv auf die Prüfung vorzubereiten!

Zu diesem Sammelband gibt es ein **Lösungsheft** (Best.-Nr. 61401). Es enthält ausführliche Lösungen zu allen Aufgaben und wertvolle Tipps zu den einzelnen Aufgabenstellungen.

Für Schülerinnen und Schüler, die darüber hinaus üben wollen, sind unsere **Fachbände** mit folgenden Bestellnummern optimal geeignet:

Mathematik: 61500ML: mit Online-Prüfungstraining
61500
61504: Lösungen zu 61500ML und 61500

Deutsch: 61540ML: mit Online-Prüfungstraining
61540
61544: Lösungen zu 61540ML und 61540

Englisch: 61555ML: mit MP3-CD und Online-Prüfungstraining
61555: mit MP3-CD
61550: ohne MP3-CD
61554: Lösungen zu 61555ML, 61555 und 61550

Zusätzlich zu den zentral gestellten Prüfungsaufgaben und Aufgaben im Prüfungsstil enthalten alle Fachbände

- wertvolle Hinweise für die Prüfung,
- ein ausführliches Trainingsprogramm zu den Prüfungsanforderungen.

Sollten nach Erscheinen dieses Bandes noch wichtige Änderungen in der Abschluss-Prüfung 2016 vom Kultusministerium bekannt gegeben werden, findest du aktuelle Informationen dazu im Internet unter:
www.stark-verlag.de/pruefung-aktuell

Viel Erfolg bei den Vorbereitungen und in der Prüfung!

Mathematik

Punkte

Aufgabe W 1

a Die Abbildung zeigt den Querschnitt einer Mauer an einem Hang.

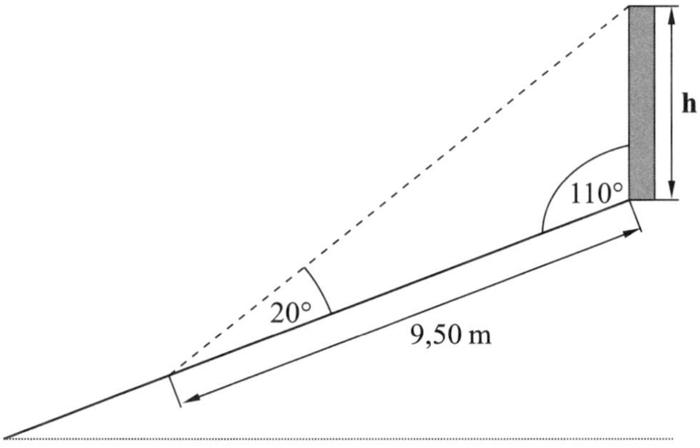

Zeichnung nicht maßstabsgerecht

1 Berechne die Höhe h der Mauer. Runde auf Zentimeter. 4 Pkte.

2 Der Querschnitt soll im Maßstab 1 : 250 in einer Bauzeichnung dargestellt werden. 2 Pkte.
Berechne, welche Länge die Strecke von 9,50 m in der Bauzeichnung hat.
Gib das Ergebnis in der Einheit Zentimeter an.

b Berechne in der Abbildung die Länge x. 6 Pkte.
Zwischenergebnisse darfst du, falls notwendig, auf Zentimeter beziehungsweise auf zehntel Grad runden.

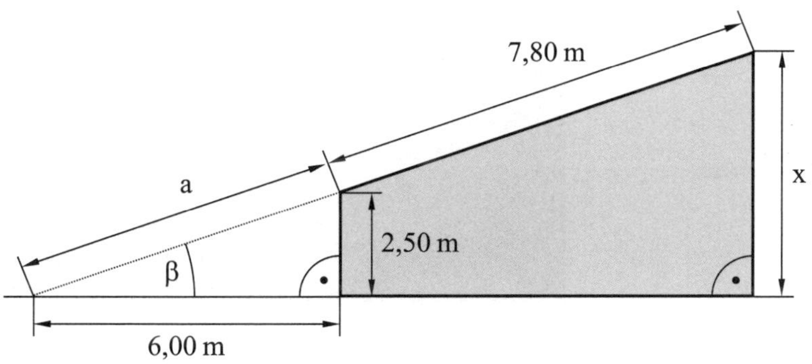

Zeichnung nicht maßstabsgerecht

Aufgabe P 7

a Konstruiere ein Dreieck ABC mit den Maßen $a=6$ cm, $c=4$ cm und $\alpha=40°$. Beschrifte die Eckpunkte. 3 Pkte.

b Bestimme in der untenstehenden Figur die Größen der Winkel γ und β. 2 Pkte.

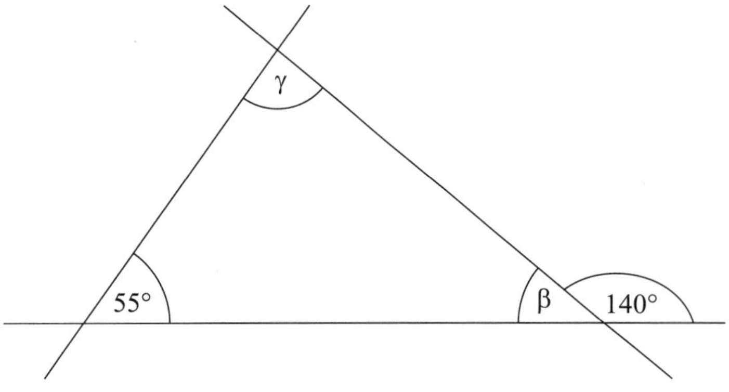

Zeichnung nicht maßstabsgerecht

c Ein gleichschenkliges Dreieck ABC ($a=b$) hat einen Flächeninhalt von $22{,}8\ \text{cm}^2$ und die Basis $c=8$ cm. 5 Pkte.
Berechne die Länge der Seite a. Runde auf Zentimeter.
(Tipp: Fertige zunächst eine Freihandskizze an.)

Aufgabe P 8

7 Pkte.

Eine kreisförmige Tischplatte besteht aus Holz. Sie ist 2,5 cm dick und hat einen Durchmesser von 0,8 m.
1 cm^3 des Holzes wiegt 0,75 g.
Diese Tischplatte wird als Paket der Firma THL verschickt.
Die Verpackung wiegt 900 g.

Preisliste der Firma THL für den Versand:

Paketklasse	1	2	3	4	5
	bis 2 kg	über 2 kg bis 10 kg	über 10 kg bis 20 kg	über 20 kg bis 30 kg	über 30 kg bis 100 kg
Preis	3,90 €	5,90 €	10,90 €	12,90 €	45,00 €

Welcher Preis muss für den Versand dieser Tischplatte bezahlt werden?
Begründe deine Antwort durch eine Rechnung. Formuliere einen Antwortsatz.

Aufgabe P 4

a Die 10. Klassen einer Schule lernten im Unterricht den Geiger Gary David kennen.

1 Von den 25 Schülerinnen und Schülern der Klasse 10a haben sich 24 % klassische Musik aus dem Internet heruntergeladen. Berechne, wie viele Schülerinnen und Schüler das sind. 2 Pkte.

2 In der Klasse 10b haben 15 % der Schülerinnen und Schüler Musik von Gary David heruntergeladen. In der 10c waren es sogar 30 % aller Schülerinnen und Schüler. Maik behauptet: „In der Klasse 10c haben sich genau doppelt so viele Schülerinnen und Schüler Musik von Gary David heruntergeladen wie in der Klasse 10b.“ Erläutere, welche Voraussetzung erfüllt sein muss, damit diese Aussage stimmt. 2 Pkte.

b Im Jahr 2009 haben 2 Millionen Jugendliche Musik aus dem Internet heruntergeladen. Davon haben 96 000 Jugendliche klassische Musik ausgewählt. Berechne, wie viel Prozent das sind. 3 Pkte.

Aufgabe P 5

a Bei einem Rechteck mit den Seitenlängen a und b beträgt der Umfang 40 cm. Die Seite a ist 5 cm länger als die Seite b. Wähle zu jeder der beiden Aussagen aus den folgenden acht Gleichungen (ohne Einheiten) die passende aus. Schreibe die **beiden** Gleichungen auf dein Reinschriftpapier. 2 Pkte.

$a+b=40$	$2a+2b=40$	$2(a+b)=20$	$a+b=5$
$b-a=5$	$a+5=b$	$a\cdot b=40$	$a-5=b$

b Löse das folgende Gleichungssystem rechnerisch. 4 Pkte.

$$\left| \begin{array}{l} 5x+2y=20 \\ 3x-y\ =\ 1 \end{array} \right|$$

Aufgabe P 6

a Eine Parabel hat die Funktionsgleichung $y=x^2+2x-15$.

1 Liegt der Punkt $A(0|13)$ auf dieser Parabel? Begründe deine Antwort. 2 Pkte.

2 Berechne die Nullstellen dieser Funktion. 4 Pkte.

b Eine Parabel ist nach oben (in y-Achsenrichtung) offen und hat den Scheitelpunkt $S(3|-4)$. Maria behauptet: „Ich weiß **ohne Rechnung**, dass diese Parabel zwei Schnittpunkte mit der x-Achse hat.“ Beschreibe, woran Maria dieses erkennen kann. 2 Pkte.

Abschlussprüfung Mathematik Realschulen Hessen
Haupttermin 2011 – Pflichtaufgaben

Punkte

Aufgabe P 1

a Wandle in Meter um: 0,02 km — 1 Pkt.

b Berechne und schreibe das Ergebnis in Gramm: $\frac{1}{2}\,\text{kg} + 75\,\text{g}$ — 2 Pkte.

c Schreibe die Größen auf dein Reinschriftpapier und setze das richtige Zeichen „<", „>" oder „=" dazwischen. — 1 Pkt.

$\frac{1}{4}\,\ell$	$300\,m\ell$

Aufgabe P 2

a Bestimme jeweils die Lösung der Gleichung.

1 $4(x+3) = 0$ — 2 Pkte.

2 $\frac{1}{9} = \frac{4}{x}$ — 2 Pkte.

b Löse die Gleichung. $9 + 5x - 3 = 2x - 5 + x$ — 4 Pkte.

Aufgabe P 3

Im abgebildeten Koordinatensystem ist der Graph einer linearen Funktion $y = mx + b$ dargestellt.

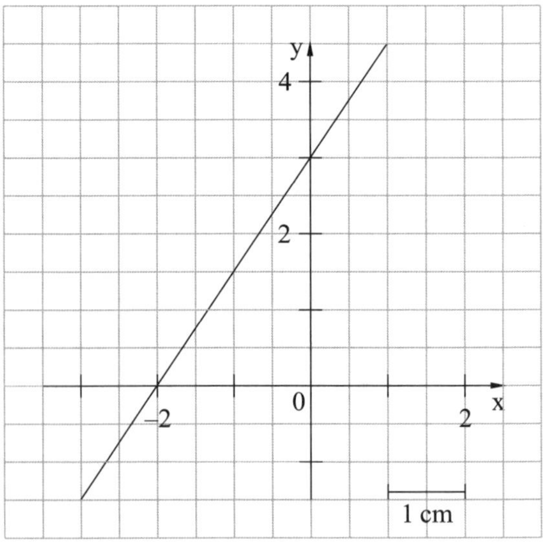

a Gib die Steigung **m** des Graphen an. — 2 Pkte.

b Gib die Koordinaten des Schnittpunktes des Graphen mit der y-Achse an. — 1 Pkt.

c Gib die Nullstelle $\mathbf{x_0}$ der Funktion an. — 1 Pkt.

d Der Graph bildet mit den Achsen des Koordinatensystems ein Dreieck. Berechne den Flächeninhalt des Dreiecks. — 2 Pkte.

Aufgabe W 2

a In den Klassen 10 a, 10 b und 10 c wurde eine Umfrage zur Lieblingsdisziplin der Leichtathletik durchgeführt. Es durfte jeweils nur eine Disziplin ausgewählt werden.

1 Die Ergebnisse für die Klasse 10 a sind im folgenden Streifendiagramm dargestellt: 2 Pkte.

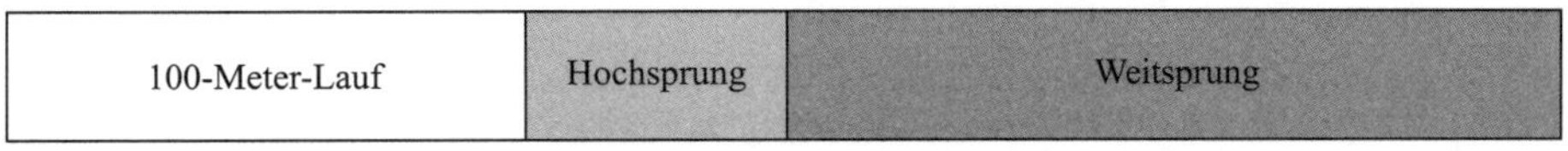

In der Klasse 10 a wurden 24 Schülerinnen und Schüler befragt.
Bestimme, wie viele die Disziplin „Hochsprung" auswählten.
Entnimm dazu entsprechende Angaben dem Streifendiagramm.

2 Die Ergebnisse für die Klasse 10 b stehen in folgender Tabelle: 2 Pkte.

Disziplin	100-Meter-Lauf	Hochsprung	Weitsprung
Anzahl	9	6	15

Zeichne die Ergebnisse der Umfrage für die Klasse 10 b in ein Streifendiagramm.
Wähle dafür ein Rechteck mit der Länge von 15 cm und der Breite von 1 cm.

b Ramzi und Philipp sind begeisterte Fahrradfahrer und führen ein Praktikum in einer Zweirad-Werkstatt durch. In mehreren Versuchen testen sie unter gleichen Bedingungen die Bremswege eines Fahrrads, um Reifen zweier verschiedener Hersteller vergleichen zu können.

Ramzis und Phillips Testergebnis:

	Bremsweg in Meter				
Reifen der Firma Taube	4,06	4,56	4,25	4,23	4,15
Reifen der Firma Michel	3,93	3,87	3,98	6,13	3,94

1 Berechne das arithmetische Mittel (Durchschnitt) der Bremswege für die Reifen beider Firmen. 4 Pkte.

2 Bestimme für die Bremswege beider Firmen den Zentralwert (Median). 2 Pkte.

3 Ramzi findet den Zentralwert für einen Vergleich der Reifen beider Firmen geeigneter als das arithmetische Mittel. Wie könnte Ramzi seine Meinung begründen? Schreibe eine mögliche Begründung auf. 2 Pkte.

Aufgabe W 3

Ein Quadrat mit 10 cm langen Seiten wird durch das Eintragen seiner Mittellinien in vier Felder geteilt (1. Teilung). Trägt man in den vier Feldern wieder die Mittellinien ein, so entstehen 16 Felder (2. Teilung). Bei jeder folgenden Teilung wird jedes Feld entsprechend geteilt.

1. Teilung: 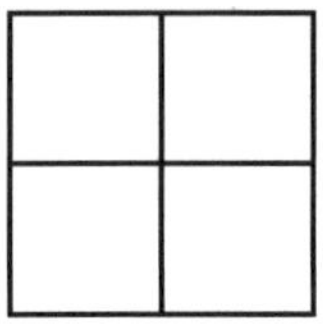

2. Teilung: 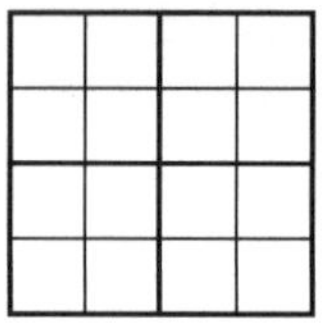

a Bestimme in der Tabelle die fehlenden Werte a, b, und c. **3 Pkte.**
Schreibe die Werte in der Form a =, b = und c = auf dein Reinschriftpapier.

Anzahl der Teilungen	1	2	3	8	c
Anzahl der Felder	4	16	a	b	1 048 576

b Schreibe einen Term auf, mit dem man nach n-maliger Teilung die Anzahl der Felder berechnen kann. **1 Pkt.**

c Berechne den Flächeninhalt eines Feldes nach der 2. Teilung. **2 Pkte.**

d Nach der 5. Teilung sind alle Felder genau 0,2 cm^2 groß. **3 Pkte.**
Ist diese Behauptung richtig? Begründe deine Antwort durch eine Rechnung.

e Welcher Graph beschreibt die Änderung des Flächeninhaltes **A** in Abhängigkeit von der Anzahl **n** der Teilungen richtig? **1 Pkt.**
Schreibe den Buchstaben des richtigen Graphen auf dein Reinschriftpapier.

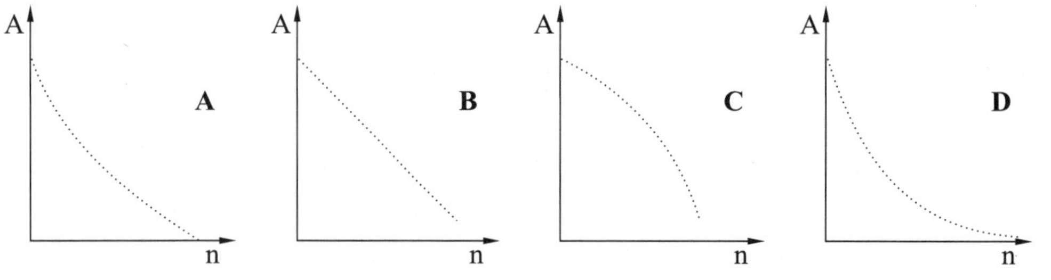

f Tim behauptet: „Nach der 20. Teilung ist der Flächeninhalt eines einzelnen Feldes genau 0 cm^2 groß.“ **2 Pkte.**
Hat Tim recht? Begründe deine Antwort.

Aufgabe W 4

a Für ein Einkaufszentrum in der walisischen Stadt Wrexham malten Erwachsene und Schüler Kunststoffplatten nach einer Vorlage der Künstlerin Katy Webster aus. Das Kunstwerk ergab eine Nachbildung des Bildes der „Mona Lisa" von Leonardo da Vinci.

1 Berechne den Flächeninhalt des hier gezeigten Bildes der „Mona Lisa". Schätze dazu eine geeignete Größe und berechne mit deinem Schätzwert den Flächeninhalt. Runde auf Quadratmeter. 3 Pkte.

2 Eine Gruppe mit 20 Jugendlichen einer 10. Klasse möchte versuchen, mit ausgestreckten Armen eine geschlossene Menschenkette rund um das Kunstwerk zu bilden. 4 Pkte.

Gelingt der Gruppe ihr Vorhaben? Begründe deine Antwort durch eine Rechnung mit geeigneten Schätzwerten. Formuliere einen Antwortsatz.

b Eine zylinderförmige Farbdose ist 22 cm hoch und hat einen Durchmesser von 10 cm. Sie ist bis 2 cm unter den Rand mit Farbe gefüllt. Es werden 10 Liter Farbe benötigt. Berechne, wie viele dieser Dosen gekauft werden müssen. Formuliere einen Antwortsatz. 5 Pkte.

Aufgabe W 5

Eine Fabrik stellt eine große Stückzahl eines Vasenmodells her. Die Vasen werden nach Formfehlern und nach Farbfehlern beurteilt. Diese zwei Merkmale werden in getrennten Prüfungen nacheinander untersucht, bevor jede Vase ihr Qualitätsurteil erhält.

Das abgebildete Baumdiagramm ist unvollständig. Es zeigt die relativen Häufigkeiten für das Auftreten von Fehlern.

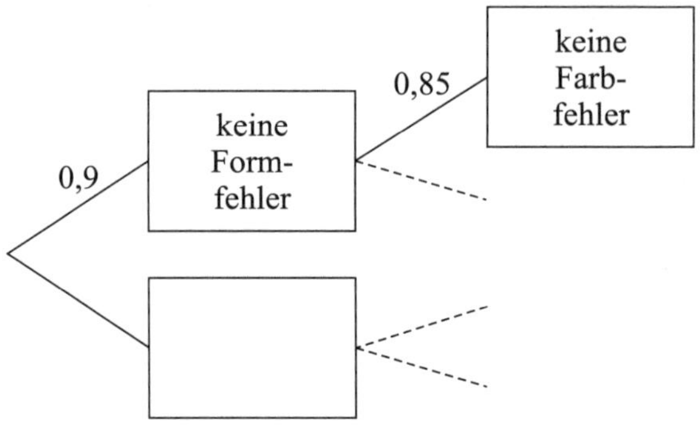

a Eine Vase ist 1. Wahl, wenn sie keine Form- und keine Farbfehler hat. Die Firma behauptet, dass über 80 % aller Vasen zur 1. Wahl gehören. Ist die Behauptung richtig? Begründe durch eine Rechnung. Formuliere einen Antwortsatz. [3 Pkte.]

b Eine Vase gilt als 2. Wahl, wenn genau ein Fehler erkannt wird. Berechne die relative Häufigkeit dafür, dass sie als 2. Wahl eingestuft wird. [3 Pkte.]

c Vasen, die bei beiden Prüfungen Fehler aufweisen, kommen gar nicht erst in den Handel. Die Fabrik stellte im letzten Jahr 8 000 Vasen her. Berechne die Anzahl der fehlerhaften Vasen, die nicht in den Handel kamen. [3 Pkte.]

d Die Firma exportiert 15 % ihrer Vasen nach Asien, 25 % nach Amerika und den Rest verkauft sie innerhalb Europas. Welches Kreisdiagramm stellt den Sachverhalt am besten dar? [1 Pkt.]

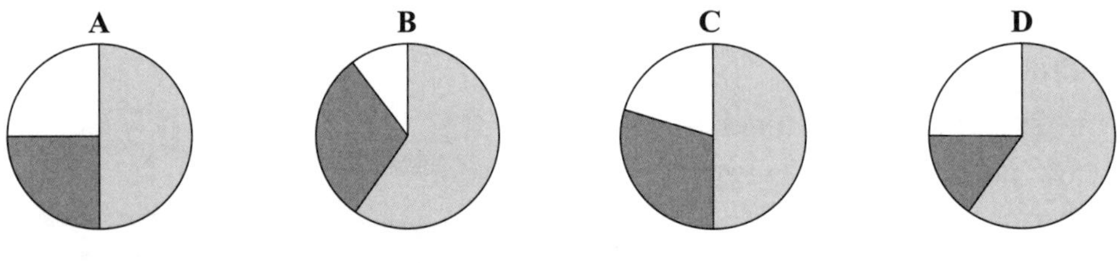

e Das Vasenmodell gibt es in drei verschiedenen Größen mit jeweils fünf verschiedenen Mustern in sechs verschiedenen Farben. Frau Müller möchte nicht die kleinste Vase kaufen. Das Muster ist ihr nicht wichtig, und es kommen nur drei Farben für sie in Frage. Wie viele Möglichkeiten hat sie zur Auswahl? [2 Pkte.]

Punkte

Aufgabe P 1

a Wie viel sind 20 % von 160 €? 1 Pkt.

b Wie viel Prozent des Rechtecks sind gefärbt? 2 Pkte.

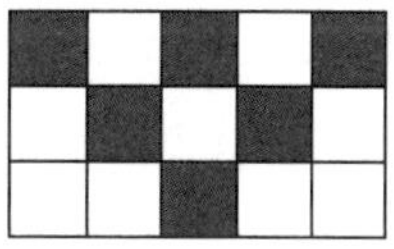

c Welche Zahlen entsprechen 12,5 %? 2 Pkte.
Notiere die zwei richtigen Antworten auf dein Reinschriftpapier.

0,125 1,25 12,5 $\frac{1}{125}$ $\frac{1}{8}$ $\frac{125}{100}$

Aufgabe P 2

Das Volumen eines Kegels wird so berechnet: $V = \frac{1}{3} \cdot \pi \cdot r^2 \cdot h_k$

a Berechne das Volumen des Kegels mit $r = 4$ cm und $h_k = 9{,}5$ cm. 2 Pkte.
Runde auf Kubikzentimeter.

b Stelle diese Formel nach r um. 3 Pkte.

Aufgabe P 3

Im abgebildeten Koordinatensystem ist eine Normalparabel dargestellt.

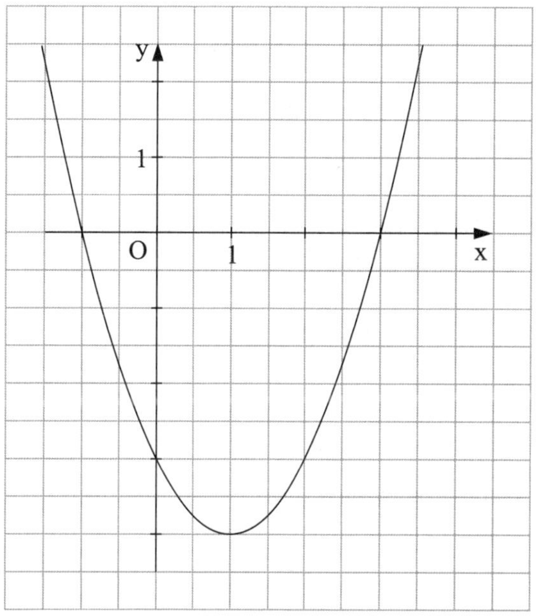

a **1** Schreibe die Koordinaten des Scheitelpunktes auf. 1 Pkt.

2 Ordne dieser Normalparabel die richtige Funktionsgleichung zu. 2 Pkte.
Notiere den Buchstaben deiner Antwort auf dein Reinschriftpapier.

A $y = (x+1)^2 + 4$
B $y = (x-4)^2 + 1$
C $y = (x-1)^2 - 4$
D $y = (x+4)^2 - 1$

b Lies die beiden Nullstellen ab und schreibe sie auf dein Reinschriftpapier. 1 Pkt.

c Beschreibe, wie die abgebildete Normalparabel im Koordinatensystem verschoben werden muss, um eine Normalparabel mit der Gleichung $y = x^2 + 2$ zu erhalten. 2 Pkte.

Aufgabe P 4

In einem Imbiss wird ein 220 g schwerer Burger verkauft. Der Besitzer gibt den Brennwert des Burgers mit 495 Kilokalorien (kcal) an.

a Ein Apfel hat einen Brennwert von 68 kcal. Berechne, wie viele Äpfel man mindestens kaufen muss, um den Brennwert des Burgers zu erreichen. Formuliere einen Antwortsatz. [2 Pkte.]

b Der Burger enthält 25 g Fett. Der Brennwert von 1 g Fett beträgt 9,3 kcal. Berechne, wie viel Prozent des Brennwertes eines Burgers aus Fett stammen. Runde auf ganze Prozent. [3 Pkte.]

Aufgabe P 5

Die Fahrten zweier Züge auf einer 250 km langen Fahrstrecke sind im Weg-Zeit-Diagramm dargestellt.

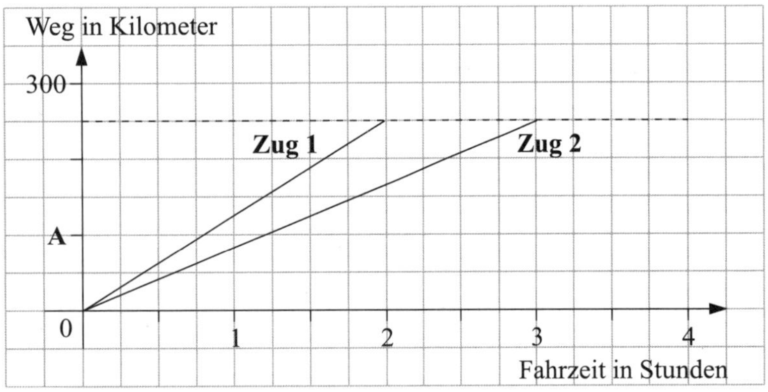

a An der Hochachse steht der Buchstabe A. Für welche Zahl steht A? Notiere die Zahl auf dein Reinschriftpapier. [1 Pkt.]

b Welcher der Züge hat eine größere durchschnittliche Geschwindigkeit? Begründe deine Antwort ohne zu rechnen. [2 Pkte.]

c Bestimme die durchschnittliche Geschwindigkeit des Zuges 1. [2 Pkte.]

d Ein weiterer Zug fährt dieselbe Strecke ohne Halt mit einer durchschnittlichen Geschwindigkeit von $120\,\frac{\text{km}}{\text{h}}$. Er erreicht sein Ziel um 11:00 Uhr. Berechne, wann dieser Zug losgefahren ist. [3 Pkte.]

Aufgabe P 6

a Die Abbildung zeigt ein Hinweisschild.

Zeichnung nicht maßstabsgerecht

1 Berechne den Flächeninhalt des Schildes. 3 Pkte.

2 Berechne den Umfang des Schildes. Runde auf Zentimeter. 4 Pkte.

b Die Abbildung zeigt einen Wegweiser in Form einer Raute (Rhombus). 4 Pkte.
Der spitze Winkel beträgt 60°, jede Seite ist 20 cm lang.
Konstruiere die Raute im Maßstab 1:5.

http://farm3.static.flickr.com/2647/3966154866_5962898aef.jpg 01.03.12
© Christoph Hurni

Aufgabe P 7

a Löse das nebenstehende Gleichungssystem. $\left| \begin{array}{l} 8x + 5y = 4 \\ 2x - \ \ y = 10 \end{array} \right|$ 4 Pkte.

b Schreibe zum Zahlenrätsel ein passendes Gleichungssystem auf dein Reinschriftpapier. Du brauchst das Gleichungssystem nicht zu lösen. 2 Pkte.

Zahlenrätsel:
Addiert man zum Dreifachen einer Zahl eine zweite Zahl, so erhält man 13.
Subtrahiert man von der ersten Zahl das Doppelte der zweiten Zahl, so erhält man 23.

c Gleichungssysteme können eine Lösung, keine Lösung oder unendlich viele Lösungen haben. 2 Pkte.
Das folgende Gleichungssystem soll **keine** Lösung haben.
Schreibe für die Variablen a und b geeignete Zahlen in der Form a= und b= auf dein Reinschriftpapier.

$$\left| \begin{array}{l} y = 5x + 4 \\ y = ax + b \end{array} \right|$$

Aufgabe P 8

Ein Goldbarren in Form eines Prismas mit trapezförmiger Grundfläche soll in Münzen umgeschmolzen werden. Die Münzen sind alle gleich groß.

1 cm^3 Gold wiegt 19,3 g.

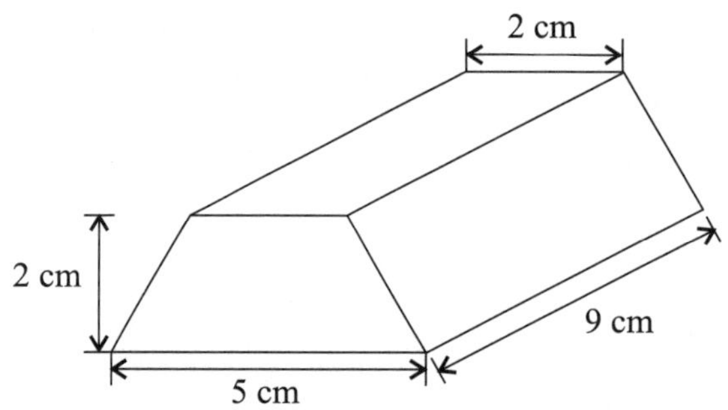

Zeichnung nicht maßstabsgerecht

a Berechne, wie viele Münzen aus reinem Gold mit einer Masse von 7,5 g aus diesem Barren hergestellt werden können. Formuliere einen Antwortsatz. 6 Pkte.

b Stelle dir vor: Alle Längenmaße dieses Goldbarrens werden verdoppelt. Wie viel Mal so viele Münzen könnten jetzt daraus hergestellt werden? Wähle aus und begründe deine Antwort. 2 Pkte.

2-mal so viele	4-mal so viele	6-mal so viele	8-mal so viele	16-mal so viele

Punkte

Aufgabe W 1

a Eine Wanderkarte hat einen Maßstab von 1 : 25 000. Berechne, wie lang auf dieser Karte eine Strecke von 7 km ist. Gib das Ergebnis in der Einheit Zentimeter an. 2 Pkte.

b Familie Müller plant eine Wanderung. Dazu hat Frau Müller eine Skizze mit vier Standorten erstellt.

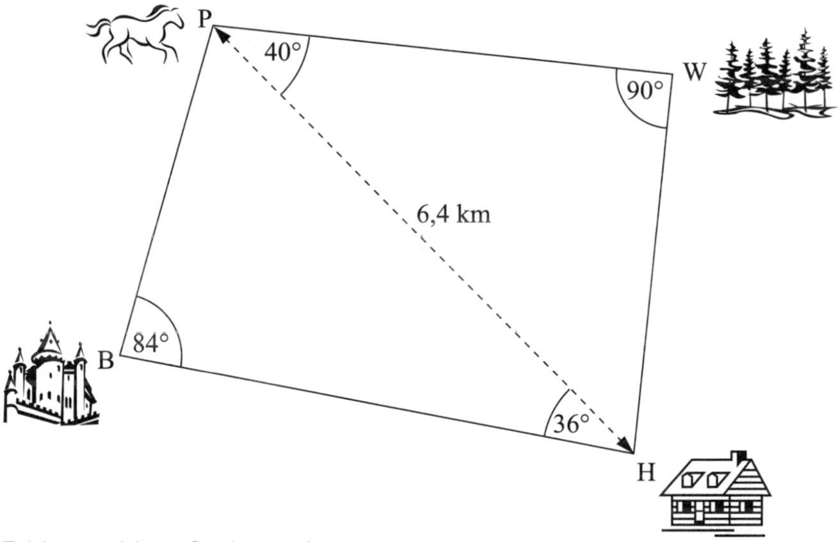

Zeichnung nicht maßstabsgerecht

1 Familie Müller braucht für einen Kilometer durchschnittlich 20 Minuten. Berechne die Zeit, die sie für die Strecke von der Hütte H zum Waldrand W ohne Pause benötigt. Gib das Ergebnis in Stunden und Minuten an. Runde auf Minuten. 4 Pkte.

2 Berechne die Länge des Weges von der Hütte H zur Burg B. Runde auf Meter. 4 Pkte.

c Mit welcher Formel kann man den Winkel β berechnen? Schreibe den passenden Buchstaben auf dein Reinschriftpapier. 2 Pkte.

A $\tan\beta = \frac{a}{c}$

B $\tan\beta = \frac{c}{a}$

C $\tan\beta = \frac{b}{c}$

D $\tan\beta = \frac{c}{b}$

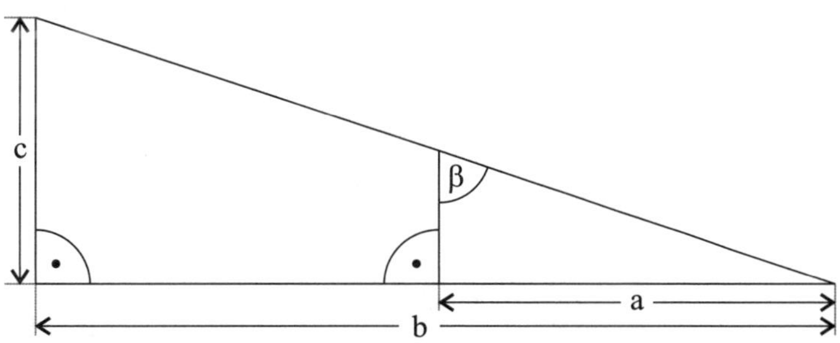

Aufgabe W 2

a Ordne jedem der vier Terme einen gleichwertigen Term aus der Tabelle zu. Schreibe jeweils beide Terme durch ein Gleichheitszeichen verbunden auf dein Reinschriftpapier. 4 Pkte.

1. Term: $a^2 \cdot a^3$
2. Term: a^0
3. Term: $a^{21} : a^7$
4. Term: $a^{2x} \cdot a^{-x} \cdot a^{-x} \cdot a^2$

Wähle aus folgenden Termen aus:

0	1	a	a^2	a^3	a^4	a^5	a^6	a^{14}

b Bestimme die Werte für x und y in diesen beiden Termen. 2 Pkte.

1 $4 \cdot 2^5 = 2^x$

2 $3^y : 27 = 3$

c Bei der *wissenschaftlichen Schreibweise* werden die Zahlen als Produkt einer Zehnerpotenz und einer Dezimalzahl mit genau einer Ziffer (ungleich Null) vor dem Komma geschrieben.

1 Gib die Zahl in wissenschaftlicher Schreibweise an. 1 Pkt.

13,5 Mio. =

2 Wandle die Größe in Millimeter um und gib das Ergebnis in wissenschaftlicher Schreibweise an. 2 Pkte.

$2\ \text{m} : 10^9 =$

3 Ein Hundert-Euro-Schein hat eine Dicke von 10^{-4} m. 3 Pkte.
Berechne, wie viele Hundert-Euro-Scheine man übereinander stapeln muss, um die Höhe des Frankfurter Messeturms (257 m) zu erreichen.
Gib dein Ergebnis in wissenschaftlicher Schreibweise an.

Aufgabe W 3

Ein Blatt Papier mit dem Format DIN A0 ist 1 m^2 groß.
Wenn man dieses Blatt einmal an der Mittelsenkrechten der längeren Seite faltet und zerschneidet, so entstehen zwei gleich große Blätter im Format DIN A1.
Faltet und schneidet man entsprechend beide DIN-A1-Blätter, so entstehen vier Blätter im Format DIN A2. Nach einem weiteren Falten und Schneiden der DIN-A2-Blätter erhält man Blätter im Format DIN A3. Auf diese Art und Weise erhält man weitere DIN-A-Formate.

DIN-Format	A0	A1	A2	A3	A4
Anzahl der Blätter	1	2	4	**x**	**y**

a Bestimme in der Tabelle die Werte für **x** und **y**. 2 Pkte.
Schreibe die Werte in der Form x = und y = auf dein Reinschriftpapier.

b Ein handelsübliches Blatt Papier im Format DIN A0 hat eine Masse von 80 g. 3 Pkte.
Berechne die Masse eines DIN-A5-Blattes, das aus dem gleichen Material besteht.

c Nach mehrmaligem Falten und Schneiden des 1 m^2 großen DIN-A0-Blattes erhält man 256 Blätter.

1 Welches DIN-A-Format liegt vor? Schreibe das Format auf dein Reinschriftpapier. 1 Pkt.

2 Berechne den Flächeninhalt einer Seite des Blattes. Runde auf Quadratzentimeter. 2 Pkte.

d Für ein rechteckiges Blatt Papier mit der Länge a und der Breite b im DIN-A-Format gilt immer:

$$a = \sqrt{2} \cdot b$$

Bei einem DIN-A3-Blatt ist a = 420 mm lang.

1 Berechne die Breite b eines DIN-A3-Blattes. Runde auf Millimeter. 2 Pkte.

2 Gib die Länge und die Breite eines DIN-A2-Blattes an. Runde auf Millimeter. 2 Pkte.

Aufgabe W 4

a Die Abbildung zeigt eine Espresso-Tasse. Schätze geeignete Größen dieser Tasse und berechne mit deinen Schätzwerten ihr Volumen. Runde auf Kubikzentimeter oder auf Milliliter. 4 Pkte.

b Frau Mai kauft eine 250-g-Packung frisch gemahlenen Kaffee. 1 cm^3 Kaffeepulver wiegt 0,28 g.

1 Frau Mai möchte nach dem Öffnen der Packung den Kaffee in eine Dose mit einem Fassungsvermögen von 1 Liter umfüllen. Passt der gesamte Kaffee in die Dose? Begründe deine Antwort durch eine Rechnung. Formuliere einen Antwortsatz. 3 Pkte.

2 Zum Kaffeekochen verwendet Frau Mai einen Maßlöffel. Dieser hat annähernd die Form einer Halbkugel mit einem Innendurchmesser von 4,4 cm. Sie nimmt pro Tasse einen Maßlöffel bis zum Rand voll mit Kaffeepulver. Berechne, wie viele Tassen Kaffee Frau Mai aus der Packung Kaffee erhalten kann. 5 Pkte.

Aufgabe W 5

Auf dem abgebildeten Glücksrad gibt es drei Felder.
Das Feld C ist ein Viertel des Kreises, die beiden anderen Felder sind gleich groß.

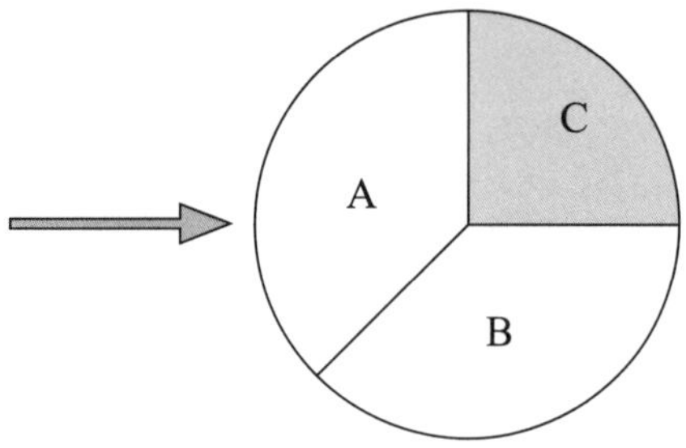

a Nach 2 000-maligem Drehen dieses Glücksrades erschien 521-mal dasselbe Feld. Notiere, um welches Feld (A, B oder C) es sich dabei wahrscheinlich handelte. Begründe deine Antwort. 2 Pkte.

b Gib die Wahrscheinlichkeit für das Feld A bei einmaligem Drehen des Glücksrades an. 2 Pkte.

c Linda beobachtet genau die auftretenden Ergebnisse des Glücksrades. In den letzten 10 Runden erschien nie das Feld C. 2 Pkte.

Wie groß ist jetzt beim nächsten Drehen die Wahrscheinlichkeit für das Feld C? Notiere den Buchstaben der richtigen Antwort auf dein Reinschriftpapier **und** begründe deine Entscheidung.

A Es erscheint jetzt auf jeden Fall das Feld C.

B Die Wahrscheinlichkeit für das Feld C ist jetzt größer als 25 %.

C Die Wahrscheinlichkeit für das Feld C ist weiterhin 25 %.

D Die Wahrscheinlichkeit für das Feld C ist jetzt kleiner als 25 %.

E Es erscheint jetzt auf keinen Fall das Feld C.

d Ein anderes Glücksrad hat ebenfalls drei Felder (weiß, grün und blau). Die Wahrscheinlichkeiten sind hier folgendermaßen verteilt:
weiß: 0,5 grün: 0,3

1 Zeichne dieses Glücksrad und beschrifte es. Du darfst den Radius frei wählen. 3 Pkte.

2 Das Glücksrad wird zweimal gedreht. Berechne die Wahrscheinlichkeit dafür, dass dabei nie das grüne Feld getroffen wird. 3 Pkte.

Abschlussprüfung Mathematik Realschulen Hessen
Haupttermin 2013 – Pflichtaufgaben

Punkte

Aufgabe P 1

a Sabrina kauft 6 Liter Apfelsaft und bezahlt 10,14 €. Berechne den Literpreis. 1 Pkt.

b Tim kauft 5 Flaschen Orangensaft und bezahle 5,90 €. Jan kauft 7 Flaschen der gleichen Sorte. Berechne, wie viel Jan bezahlen muss. 2 Pkte.

c Aus einem Kanister Traubensaft können 36 Gläser zu je 0,5 Liter gefüllt werden. Berechne, wie viele Gläser zu je 0,2 Liter man aus diesem Kanister füllen kann. 2 Pkte.

Aufgabe P 2

a Berechne den Wert des Terms $\frac{a \cdot b}{a - b}$ für $a=5$ und $b=6$. 2 Pkte.

b In einer Klasse sind x Mädchen und y Jungen.
Zur Gleichung $y=x+3$ passt eine der folgenden Aussagen.
Schreibe den Buchstaben der richtigen Aussage auf dein Reinschriftpapier. 2 Pkte.

A Es gibt drei Mädchen mehr als Jungen.

B Es gibt drei Jungen mehr als Mädchen.

C Es gibt dreimal so viele Mädchen wie Jungen.

D Es gibt drei Jungen weniger als Mädchen.

c Die Gleichung $4 \cdot x^2=36$ soll gelöst werden.
Welche der unten stehenden Zahlen sind Lösungen dieser Gleichung?
Notiere alle Lösungen auf deinem Reinschriftpapier. 2 Pkte.

–9	–6	–3	0	3	6	9

Aufgabe P 3

Die Zeichnung zeigt das Netz (Abwicklung) eines Würfels mit beschrifteten Flächen.

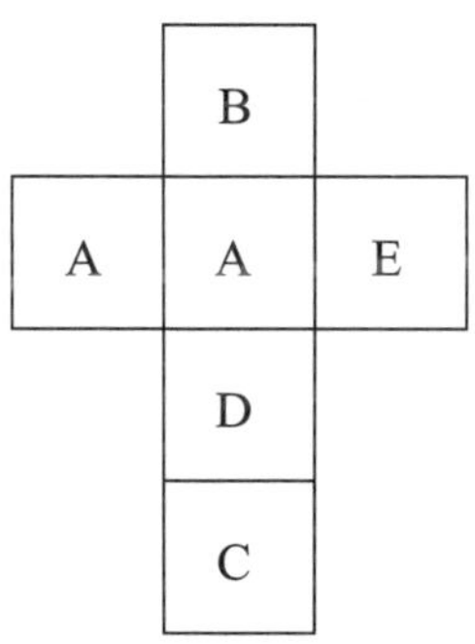

a Es wird einmal gewürfelt.
Wie hoch ist die Wahrscheinlichkeit ein D zu würfeln? 1 Pkt.

b Welchen Buchstaben würfelt man bei einmaligem Werfen mit einer Wahrscheinlichkeit von $\frac{1}{3}$? 2 Pkte.

c Philipp würfelt dreimal hintereinander. Berechne die Wahrscheinlichkeit dafür, dass die Buchstaben des Wortes „BAD“ in der richtigen Reihenfolge erscheinen. 3 Pkte.

Aufgabe P 4

a Leah kauft ein T-Shirt und eine Hose. Beim Bezahlen löst sie einen Gutschein von 5 € ein. Die Abbildung zeigt den Kassenzettel.

Chic & Schön Shop im Mariencenter	
T-Shirt	20,50 €
Hose	_____ €
Gesamtpreis	70,45 €
Gutschein	–5,00 €
Endpreis	65,45 €
MwSt.	_____ €

1 Berechne den Preis der Hose. 1 Pkt.

2 Berechne, wie viel Prozent vom Gesamtpreis sie durch Einlösen des Gutscheins spart. Runde auf ganze Prozent. 2 Pkte.

3 Der Endpreis von 65,45 € schließt die Mehrwertsteuer (MwSt.) von 19 % mit ein. Berechne die Mehrwertsteuer. 2 Pkte.

b Ein anderes Geschäft gibt bei jedem Einkauf auf den Gesamtpreis 20 % Rabatt. Melisa kauft für insgesamt 130 € ein und überlegt, ob es günstiger wäre, vor oder nach Abzug des Rabattes einen Gutschein im Wert von 10 € einzulösen. Was wäre für Melisa vorteilhafter? Begründe deine Antwort. 2 Pkte.

Aufgabe P 5

a Eine Parabel hat die Funktionsgleichung $y = x^2 + 12x + 11$.

1 Liegt der Punkt P(2 | 39) auf dieser Parabel? Begründe deine Antwort. 2 Pkte.

2 Berechne die Nullstellen dieser Funktion. 4 Pkte.

b Die Zeichnung zeigt den Verlauf eines schräg nach oben gehaltenen Wasserstrahls. Er erreicht seine größte Höhe bei 2,5 m. 2 Pkte.

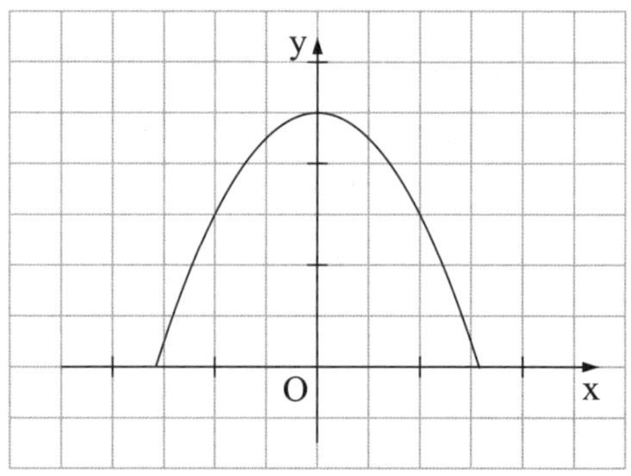

Welche der folgenden Gleichungen beschreibt seinen Verlauf? Schreibe den passenden Buchstaben auf dein Reinschriftpapier.

A $y = x^2 + 2{,}5$

B $y = x^2 - 2{,}5$

C $y = -x^2 + 2{,}5$

D $y = -x^2 - 2{,}5$

Aufgabe P 6

a Löse das Gleichungssystem. Notiere deine Lösungsschritte. 4 Pkte.

$$\begin{vmatrix} x - 3y = 8 \\ x = 9 + 5y \end{vmatrix}$$

b Ein Hamburger und drei Portionen Pommes kosten 5,50 €. 2 Pkte.
Drei Hamburger und zwei Portionen Pommes kosten 6,00 €.
Schreibe zu diesen Angaben ein passendes Gleichungssystem auf dein Reinschriftpapier.
Du brauchst das Gleichungssystem nicht zu lösen.

Aufgabe P 7

Ein Werkstück wird hergestellt. Dabei wird aus einem Kupferzylinder ein quaderförmiges Loch herausgearbeitet.

Schrägbild des Werkstücks:

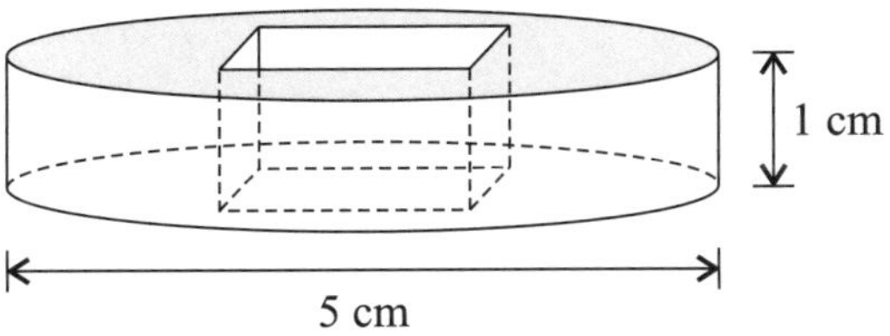

Draufsicht des Werkstücks:

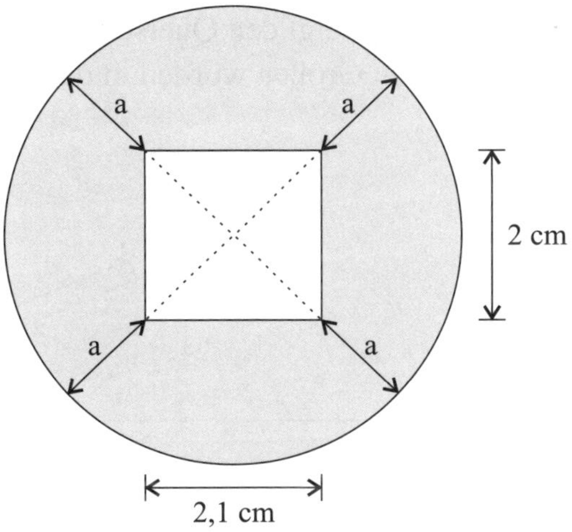

Zeichnungen nicht maßstabsgerecht

a Berechne die Masse des Werkstücks. 1 cm^3 Kupfer wiegt 8,9 g. Runde auf Gramm. 7 Pkte.

b Um zu prüfen, ob das quaderförmige Loch genau in der Mitte der Scheibe sitzt, misst man jeweils den Abstand a von jeder Ecke zur Kreislinie. 4 Pkte.
Berechne, welche Länge man für a erhalten müsste.

Aufgabe P 8

a Eine Pyramide mit quadratischer Grundfläche ist 6 cm hoch. 4 Pkte.
Die Seitenlänge der Grundfläche beträgt 4 cm.
Zeichne das Schrägbild der Pyramide auf dein Reinschriftpapier.

b Eine Pyramide und ein Quader haben gleich große Grundflächen. 3 Pkte.
Der Quader ist halb so hoch wie die Pyramide.
Welcher der beiden Körper hat das größere Volumen?
Begründe deine Antwort.

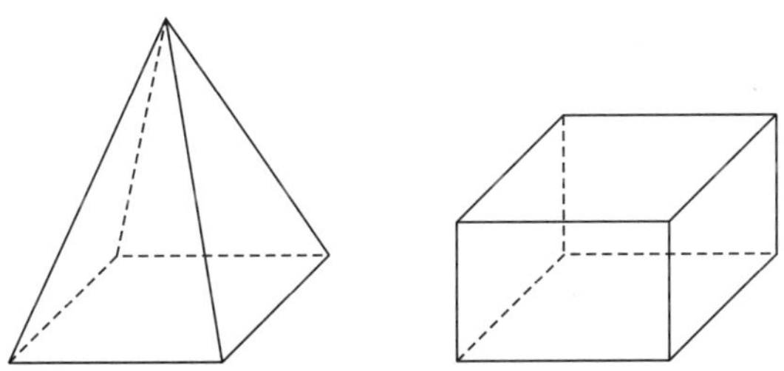

Zeichnungen nicht maßstabsgerecht

Bearbeite **zwei** der fünf Wahlaufgaben.

Punkte

Aufgabe W 1

a Die Zeichnung zeigt den Querschnitt einer Rampe.
Die bekannten Größen wurden in die Zeichnung eingetragen.

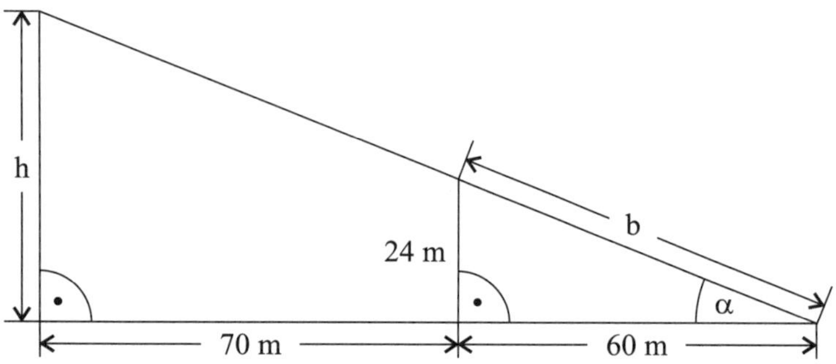

Zeichnung nicht maßstabsgerecht

1 Berechne die Höhe h. 3 Pkte.

2 Mit welcher der angegebenen Formeln kann man die Länge b richtig berechnen, wenn α bekannt ist? 1 Pkt.
Schreibe den passenden Buchstaben auf dein Reinschriftpapier.

A $\tan\alpha = \frac{b}{60\text{ m}}$ **C** $\sin\alpha = \frac{b}{24\text{ m}}$

B $\tan\alpha = \frac{60\text{ m}}{b}$ **D** $\sin\alpha = \frac{24\text{ m}}{b}$

b Von den Punkten A und B im Tal aus peilt man die Aussichtsplattform P an. 8 Pkte.

Berechne die Länge der Strecke $\overline{AB} = x$.
Runde auf Meter.

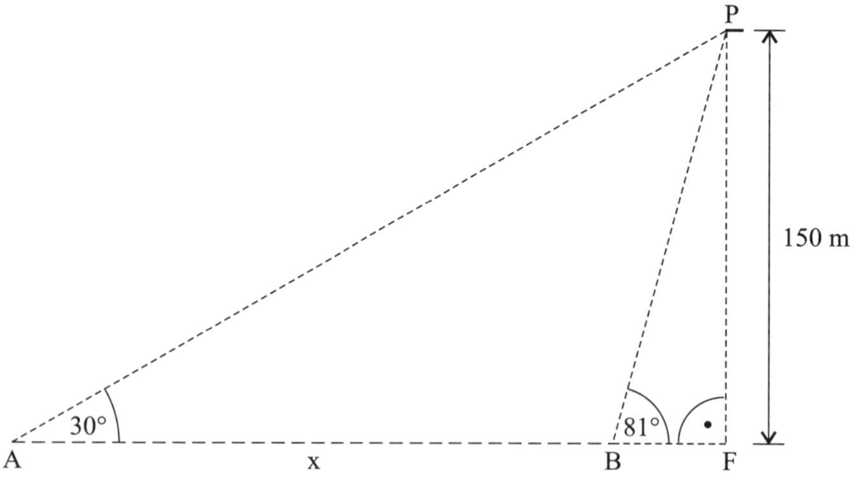

Zeichnung nicht maßstabsgerecht

Aufgabe W 2

Ein Wetterdienst ermittelt die Niederschlagsmengen für ein Gebiet.

a Die Tabelle gibt die Niederschlagsmengen im ersten Quartal (von Januar bis März) 2011 an. Die Niederschlagsmenge wird in Liter pro Quadratmeter (ℓ/m^2) gemessen.

Monat	Januar	Februar	März
Niederschlagsmenge in ℓ/m^2	16,8	54,6	12,6

1 Berechne das arithmetische Mittel (Durchschnitt) der monatlichen Niederschlagsmengen für das erste Quartal. 2 Pkte.

2 Zeichne für die monatlichen Niederschlagsmengen des ersten Quartals ein Streifendiagramm. 5 Pkte.
Wähle dafür ein Rechteck mit der Länge von 10 cm und der Breite von 1 cm.
Beschrifte dein Streifendiagramm.
Tipp: Rechne die Niederschlagsmengen in Prozent um.

b Für das zweite Quartal 2011 wurde eine durchschnittliche monatliche Niederschlagsmenge von 41,2 ℓ/m^2 ermittelt. 3 Pkte.

Monat	April	Mai	Juni
Niederschlagsmenge in ℓ/m^2	16,0	24,8	**a**

Bestimme die Niederschlagsmenge **a** für den Monat Juni.
Notiere deinen Lösungsweg.

c Das Diagramm zeigt die Niederschlagsmengen (in ℓ/m^2) des dritten Quartals der Jahre 2010 und 2011. 2 Pkte.

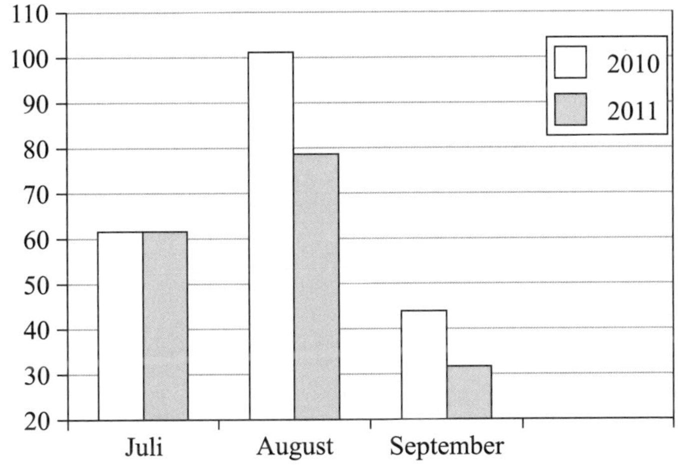

Mehmet behauptet: „Im September 2010 fiel etwa doppelt so viel Niederschlag wie im September 2011.“ Hat er recht? Begründe deine Antwort.

Aufgabe W 3

Auf Bodos Geflügelfarm ist eine Krankheit aufgetreten.

a Am Dienstag zählt Bodo zum ersten Mal 84 kranke Tiere. Nun zählt er jeden Tag die kranken Tiere. Vom Tierarzt weiß er, dass die Anzahl der kranken Tiere bei dieser Krankheit von Tag zu Tag um 20 % zunimmt.

Wochentag	Montag	Dienstag	Mittwoch	Donnerstag	Freitag
Tag (x)		0	1	2	3
Anzahl (y) der kranken Tiere	**a**	84	101	121	**b**

1 Zeige rechnerisch, dass auch auf Bodos Geflügelfarm in der Zeit von Dienstag bis Donnerstag die Anzahl der kranken Tiere täglich um etwa 20 % wächst. [2 Pkte.]

Nimm bei der Berechnung der folgenden Aufgaben an, dass die Anzahl der kranken Tiere exponentiell mit einer täglichen Zunahme um 20 % wächst.

2 Wie viele Tiere waren am Montag schon krank und wie viele Tiere werden es am Freitag dieser Woche sein? Berechne und formuliere einen Antwortsatz. [3 Pkte.]

3 Bestimme, an welchem Wochentag erstmalig mehr als 200 kranke Tiere gezählt werden. [2 Pkte.]

4 Notiere einen Term, mit dem man die Anzahl der kranken Tiere für jeden Tag x ab Dienstag berechnen kann. [2 Pkte.]

b Zu jeder Zuordnung A, B und C passt genau einer der Graphen 1 bis 6. [3 Pkte.]
Schreibe den Buchstaben der Zuordnung und die zugehörige Nummer des Graphen auf dein Reinschriftpapier.

A Auf Bodos Farm gibt es einen bestimmten Vorrat an Futter.
Zuordnung: Anzahl der Tiere → Anzahl der Tage, für die dieser Vorrat reicht

B Die Anzahl der kranken Tiere auf Bodos Farm erhöht sich täglich um 20 %.
Zuordnung: Zeit in Tagen → Anzahl der kranken Tiere

C Jedes erkrankte Tier verursacht Kosten von 1,50 €.
Zuordnung: Anzahl der erkrankten Tiere → Kosten in Euro

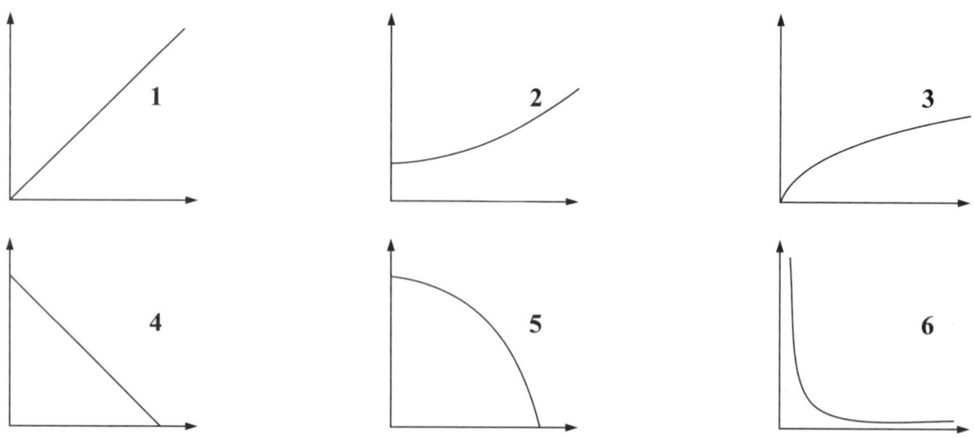

Aufgabe W 4

Das Bild zeigt ein Denkmal aus Granit.
Es besteht aus **vier** gleich großen, würfelförmigen Blöcken. Drei der Blöcke liegen versetzt zueinander und der vierte liegt in der Mitte obenauf.
(1 m^3 Granit wiegt 3 000 kg.)

a Wie viel Tonnen muss ein Kran etwa heben können, damit er einen dieser Blöcke bewegen kann? — 4 Pkte.
Begründe deine Antwort durch eine Rechnung.
Schätze dazu eine geeignete Größe und rechne damit.
Formuliere einen Antwortsatz.

b Alle sichtbaren Flächen der vier Blöcke sollen als Schutz vor Graffiti einen Anstrich erhalten. — 5 Pkte.
Das Schutzmittel muss zweimal aufgetragen werden.
Mit dem Inhalt einer Dose kann man eine Fläche von 10 m^2 einmal streichen.

Berechne, wie viele Dosen für dieses Vorhaben mindestens nötig sind.
Schätze dazu eine geeignete Größe und rechne damit.
Du kannst deinen Schätzwert aus Aufgabe W 4a verwenden.
Formuliere einen Antwortsatz.

c Stelle dir vor:
Das Denkmal besteht nicht aus würfelförmigen Blöcken, sondern aus Kugeln.
Der Durchmesser jeder Kugel ist so lang wie eine Würfelkante.

Das Volumen eines Würfels wird mit $V_{Würfel}$ bezeichnet, das der Kugel mit V_{Kugel}.

1 Begründe, warum $V_{Kugel} < V_{Würfel}$ gilt. — 1 Pkt.

2 Begründe, warum die Näherungsformel $V_{Kugel} \approx \frac{1}{2} \cdot V_{Würfel}$ richtig ist. — 2 Pkte.

Aufgabe W 5

Eine Firma bietet Tulpenzwiebeln an. In jeder Packung befinden sich 10 Zwiebeln für weiße, 10 Zwiebeln für gelbe und 5 Zwiebeln für rote Tulpen.
Die Farben der Tulpen sind an den Zwiebeln nicht erkennbar.

a **1** Nach dem Öffnen der Packung wird eine Zwiebel herausgenommen. Berechne die Wahrscheinlichkeit dafür, dass es eine Zwiebel für eine rote Tulpe ist. 1 Pkt.

2 Nach dem Öffnen einer neuen Packung werden nacheinander zwei Zwiebeln zufällig herausgenommen. 2 Pkte.
Mit P(Weiß | Weiß) bezeichnet man die Wahrscheinlichkeit, dabei zwei Zwiebeln für weiße Tulpen zu erhalten.

Übertrage die Kästchen auf dein Reinschriftpapier und setze jeweils das richtige Zeichen „<", „>" oder „=" ein.

P(Weiß | Weiß) ________ P(Gelb | Gelb)

P(Rot | Rot) ________ P(Weiß | Gelb)

3 Es werden zufällig zwei Zwiebeln aus einer neuen Packung genommen. Berechne die Wahrscheinlichkeit dafür, dass die eine Zwiebel für eine rote Tulpe und die andere Zwiebel für eine weiße Tulpe ist. 3 Pkte.

4 Zwei Zwiebeln werden zufällig aus einer weiteren Packung genommen und in einen Topf eingepflanzt. Wie viele verschiedene Farbzusammenstellungen sind für diesen Topf möglich, wenn die Reihenfolge der Farben keine Rolle spielt? 2 Pkte.

b Die Wahrscheinlichkeit, dass aus einer Zwiebel eine Tulpe wird, sie also keimt, beträgt 92 %.

1 Wie viele der 25 Zwiebeln aus einer Packung werden wahrscheinlich nicht keimen? 2 Pkte.

2 Sami behauptet: „Pflanzt man in einen Topf zwei Zwiebeln ein, so werden mit einer Wahrscheinlichkeit von mehr als 80 % beide keimen." 2 Pkte.
Hat Sami recht? Begründe deine Antwort.

Abschlussprüfung Mathematik Realschulen Hessen
Haupttermin 2014 – Pflichtaufgaben

Punkte

Aufgabe P 1

a In eine Regentonne passen insgesamt 120 Liter Wasser. Die Regentonne ist zu $\frac{2}{3}$ gefüllt. Wie viel Liter Wasser enthält sie? — 1 Pkt.

b In einer Gießkanne sind 9 Liter Wasser. Sie ist damit zu $\frac{3}{4}$ gefüllt. Wie viel Liter Wasser passen insgesamt in diese Gießkanne? — 2 Pkte.

c In einem Fass sind 7 Liter Wasser. Insgesamt passen 24 Liter hinein. Leon behauptet: „Das Fass ist mehr als ein Drittel gefüllt.“ Hat er recht? Begründe deine Entscheidung. — 2 Pkte.

Aufgabe P 2

Du siehst hier eine Zeitleiste, auf der du ablesen kannst, in welchen Jahren drei hessischen Städten das Stadtrecht verliehen wurde.

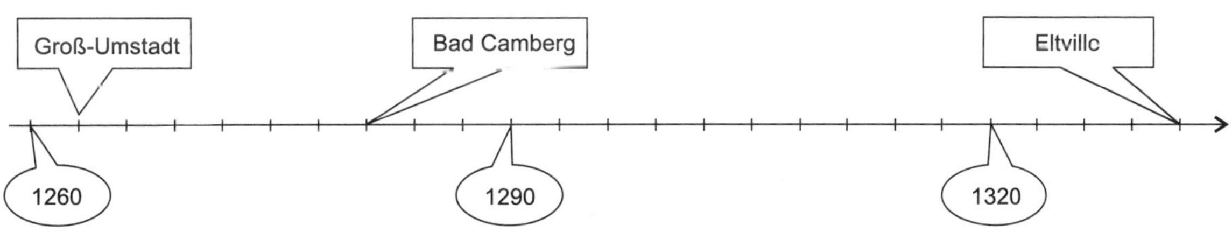

a In welchem Jahr wurde Bad Camberg das Stadtrecht verliehen? — 1 Pkt.

b Wie viele Jahre vergingen zwischen den Verleihungen der Stadtrechte an die Städte Groß-Umstadt und Eltville? — 2 Pkte.

c Eine dieser drei Städte feierte im Jahr 2013 ihr 750-jähriges Stadtjubiläum. Gib an, um welche Stadt es sich handelt. — 2 Pkte.

Aufgabe P 3

Das Bild zeigt einen „12er-Würfel“ (Dodekaeder). Seine Flächen sind mit den Zahlen 1 bis 12 beschriftet.

a Mit dem „12er-Würfel“ wird einmal gewürfelt. Gib die Wahrscheinlichkeit an, dass die Zahl 11 gewürfelt wird. — 1 Pkt.

© Can Stock Photo Inc. / gruml

b Dominik und Marc spielen gegeneinander.
Es wird einmal mit dem „12er-Würfel" gewürfelt.
Marc gewinnt, wenn eine durch drei teilbare Zahl gewürfelt wird.
Bei jeder anderen Zahl gewinnt Dominik.

1 Begründe, warum diese Spielregel unfair ist. 2 Pkte.

2 Formuliere eine Spielregel, bei der beide die gleiche Gewinnchance haben. 2 Pkte.

c Berechne die Wahrscheinlichkeit, zweimal nacheinander eine zweistellige Zahl zu würfeln. Gib das Ergebnis in Prozent an. 3 Pkte.

Aufgabe P 4

Im Jahr 2012 wurden in Deutschland rund 131 000 Einbrüche verübt.

a 16,5 % aller Einbrüche konnten aufgeklärt werden.
Berechne, wie viele Einbrüche das waren. 1 Pkt.

b Im Jahr 2012 war die Zahl der Einbrüche 10 % höher als im Jahr 2011.
Berechne, wie viele Einbrüche es im Jahr 2011 gab. Runde auf Tausender. 2 Pkte.

c Von 2 000 geschädigten Personen haben 1 740 Angst vor weiteren Einbrüchen.
Berechne, wie viel Prozent das sind. 2 Pkte.

d Eine Zeitung behauptet: „In Deutschland fand im Jahr 2012 im Durchschnitt etwa alle 4 Minuten ein Einbruch statt."
Zeige mit einer Rechnung, dass diese Behauptung richtig ist. 2 Pkte.

Aufgabe P 5

a In der Gleichung $2x + y = 130$ gilt $y = 3x$. Berechne x. 2 Pkte.

b Im nebenstehenden Dreieck ist der Winkel α doppelt so groß wie der Winkel β.
Berechne β. 3 Pkte.

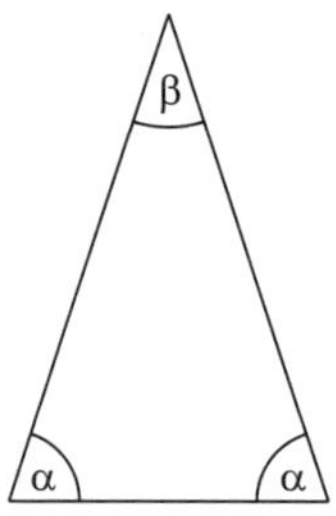

c Löse das nebenstehende Gleichungssystem.
Notiere deine Lösungsschritte. 4 Pkte.

$$\begin{vmatrix} x + 4y = 35 \\ y = x - 5 \end{vmatrix}$$

d Begründe, warum die Gleichung $x^2 = -9$ keine reelle Lösung hat. 1 Pkt.

Aufgabe P 6

a Berechne den Flächeninhalt des grau gefärbten Rechtecks.
Verwende für deine Rechnungen die Maße der Zeichnung. 5 Pkte.

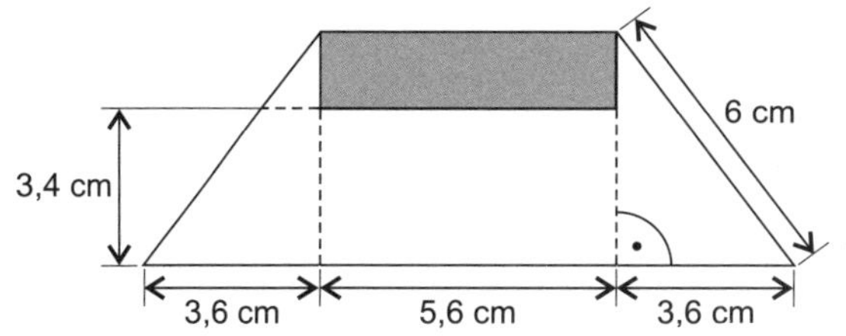

Zeichnung nicht maßstabsgerecht

b Konstruiere das symmetrische Trapez mit den angegebenen Maßen. 3 Pkte.

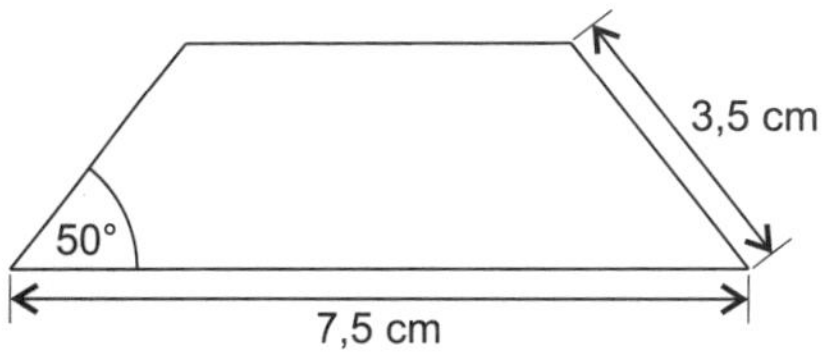

Zeichnung nicht maßstabsgerecht

Aufgabe P 7

6 Pkte.

Beim Verkehrsschild „Durchfahrt verboten" ist eine weiße Kreisfläche von einem roten Kreisring eingerahmt.
Das Verkehrsschild hat einen Durchmesser von 60 cm.
Die Breite des Kreisringes beträgt 8,8 cm.

Pablo behauptet: „Die Flächeninhalte des Kreisringes und der weißen Kreisfläche sind ungefähr gleich groß."
Hat er recht?
Begründe deine Antwort durch eine Rechnung.

Zeichnung nicht maßstabsgerecht

Aufgabe P 8

a Ein Quader mit quadratischer Grundfläche ist 0,5 m hoch.
Die Grundfläche ist 90 cm^2 groß.

1 Berechne das Volumen des Quaders.
Gib das Ergebnis in Liter an. 2 Pkte.

2 Ein Kegel hat eine dreimal so große Grundfläche wie dieser Quader. Beide Körper sind gleich hoch.
Vergleiche die Volumina dieser beiden Körper. 2 Pkte.

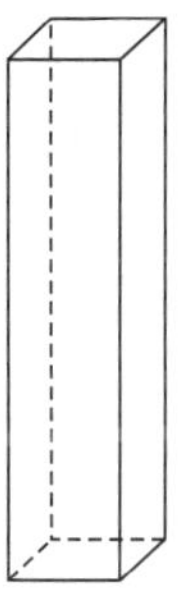
Zeichnung nicht maßstabsgerecht

b Ein Kreiszylinder hat eine Höhe von 12 cm und ein Volumen von 700 cm^3.
Berechne den Radius des Kreiszylinders.
Runde auf Millimeter. 3 Pkte.

Punkte

Aufgabe W 1

a Der Buchstabe X wurde maßstäblich vergrößert.

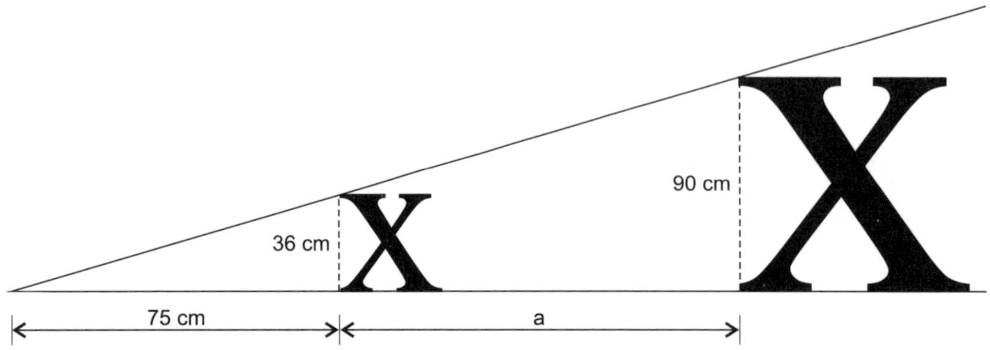

Zeichnung nicht maßstabsgerecht

1 Gib den Streckfaktor k (Vergrößerungsfaktor) an. 1 Pkt.

2 Berechne die Länge a. 3 Pkte.

b Die Abbildung zeigt den Buchstaben N. 2 Pkte.
Die Punkte ABCD bilden ein Rechteck.
Berechne die Größe des Winkels β.
Runde auf zehntel Grad.

$\overline{BD} = 24\text{ cm}$
$\overline{BC} = 22\text{ cm}$

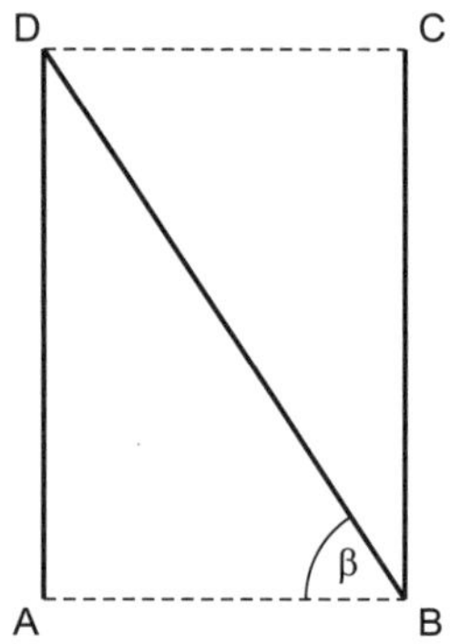

Zeichnung nicht maßstabsgerecht

c Die Abbildung zeigt den Buchstaben Y.
Er besteht aus drei Teilstrecken von je 11 cm Länge.

1 Wie lang ist die Strecke $\overline{EH}$? 1 Pkt.

2 Berechne die Länge der Strecke $\overline{EG}$. 5 Pkte.
Runde auf Millimeter.

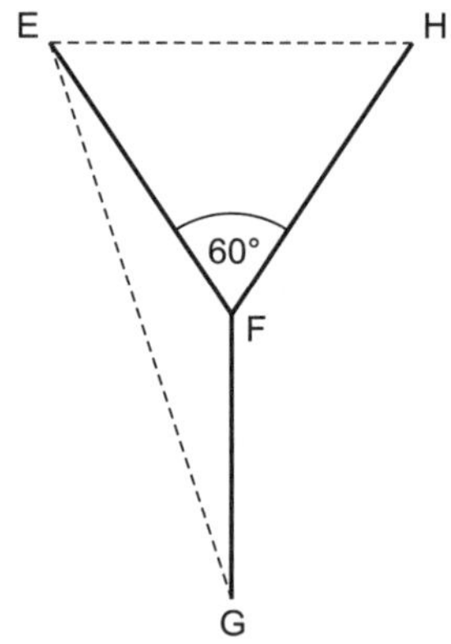

Zeichnung nicht maßstabsgerecht

Aufgabe W 2

a Im Koordinatensystem ist die Parabel mit der Gleichung $y=2x^2$ abgebildet.

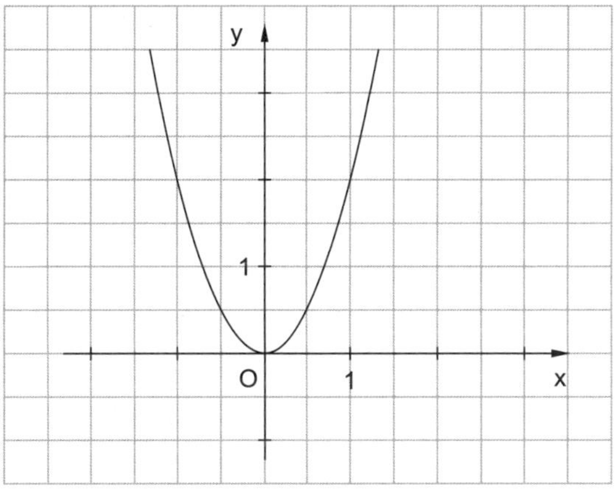

1 Die Parabel wird an der x-Achse gespiegelt. Schreibe die dazu passende Gleichung auf. 1 Pkt.

2 Die Parabel mit der Gleichung $y=2x^2$ wird um eine Einheit nach oben verschoben. Schreibe die dazu passende Gleichung auf. 1 Pkt.

3 Die Parabel mit der Gleichung $y=2x^2$ wird so verschoben, dass ihr neuer Scheitelpunkt die Koordinaten $S(1\,|\,3)$ besitzt. Schreibe die dazu passende Gleichung auf. 2 Pkte.

b Im Sportunterricht springen die Schülerinnen von einem kleinen Podest aus dem Stand so weit wie möglich nach vorn. Am Boden wird die Entfernung x von A aus gemessen und in Zentimetern angegeben. Die Höhe y wird ebenfalls in Zentimetern angegeben.

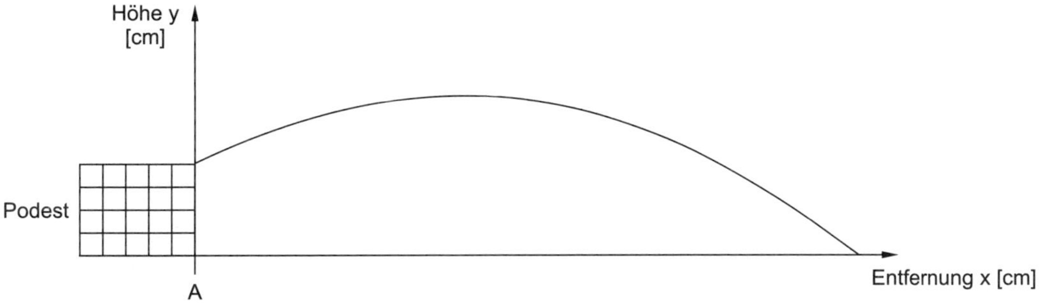

Zeichnung nicht maßstabsgerecht

Isabells Sprungbahn kann durch die Gleichung $y=-0{,}01x^2+1{,}5x+32$ beschrieben werden.

1 Gib die Höhe des Podestes an. 2 Pkte.

2 Berechne die Höhe y für $x=50$. 2 Pkte.

3 Berechne Isabells Sprungweite. Runde auf Zentimeter. Formuliere einen Antwortsatz. 4 Pkte.

Aufgabe W 3

a Tanja richtet ihr neues Aquarium ein.
Sie setzt 8 Neonfische, 12 Guppys und 5 Schnecken in ihr Aquarium.

1 Nach einem Monat zählt Tanja schon 10 Neonfische. 1 Pkt.
Bestimme, um wie viel Prozent die Anzahl der Neonfische zugenommen hat.

2 Der Zoohändler sagte beim Kauf: „Die Anzahl der Guppys nimmt monatlich im Durchschnitt um etwa 10 % zu.“ 2 Pkte.
Berechne, wie viele Guppys dann nach einem halben Jahr in Tanjas Aquarium sein müssten.

3 Die Schnecken können schnell zur Plage werden. Ihre Zahl verdoppelt sich erfahrungsgemäß alle drei Monate. 2 Pkte.
Berechne, wie viele Schnecken dann nach einem Jahr im Aquarium wären.

b Ein junger Wels ist beim Kauf vier Zentimeter lang. Er wächst jeden Monat um etwa drei Millimeter und kann im Aquarium bis zu 16 cm groß werden. 2 Pkte.
Nach wie vielen Monaten hat der Wels eine Länge von 16 cm erreicht?

c Die Grüne Cabomba ist eine Pflanze für Aquarien. Beim Kauf hat eine solche Pflanze eine Höhe von 8 cm. Ihre Höhe nimmt jede Woche um 4,5 cm zu.

1 Berechne, wie groß die Pflanze nach 7 Wochen ist. 1 Pkt.

2 Vom Boden bis zur Wasseroberfläche sind es 62 cm. Berechne, nach wie vielen Wochen die Pflanze bis zur Wasseroberfläche reichen kann. 3 Pkte.

3 Welcher Graph zeigt das Wachstum der Pflanze in den ersten Wochen nach dem Kauf am besten? 1 Pkt.
Schreibe den entsprechenden Buchstaben auf dein Reinschriftpapier.

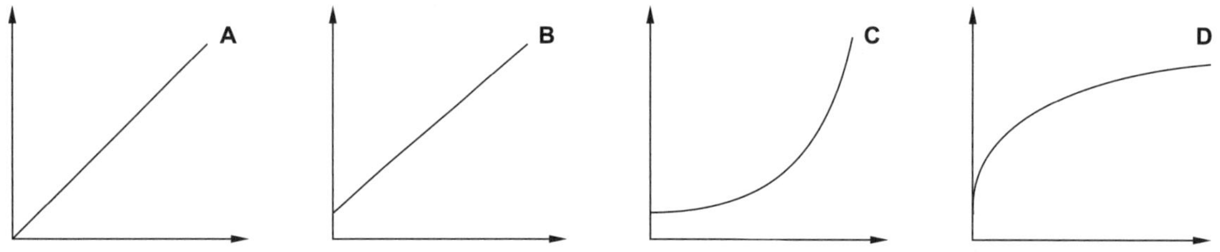

Aufgabe W 4

Die Bilder zeigen einen Waggon, der zum Transport von Löschwasser dient.

a Begründe mit einer Rechnung, dass der Waggon das angegebene Gesamtgewicht auch dann nicht überschreitet, wenn der Wasserbehälter vollständig mit Wasser gefüllt ist. 7 Pkte.

Schätze dazu anhand der Abbildungen geeignete Größen und rechne damit.
Hinweis: 1 m^3 Wasser wiegt 1 t.

Formuliere einen Antwortsatz.

b Der gesamte Wasserbehälter des Waggons soll einen neuen Außenanstrich bekommen. Dafür stehen 850 € zur Verfügung. Eine Malerfirma gibt folgendes Angebot ab: 5 Pkte.

> Die Grundkosten (für Anfahrt, Geräte, ...) betragen 240 €.
>
> Für jeden Quadratmeter zu streichende Fläche werden 33,50 € berechnet.

Berechne, ob das zur Verfügung stehende Geld ausreicht.
Verwende deine Schätzwerte aus Aufgabe a.
Formuliere einen Antwortsatz.

Aufgabe W 5

a In einem Experiment wird mit einem „8er-Würfel" (Oktaeder) gewürfelt.
Auf jeder Fläche steht einer der drei Buchstaben **A**, **B** oder **C**.

1 Das Diagramm zeigt, wie oft mit dem Würfel einer der Buchstaben **A**, **B** oder **C** gewürfelt wurde.
Bestimme die relative Häufigkeit für **A**.
Gib sie in Prozent an. 2 Pkte.

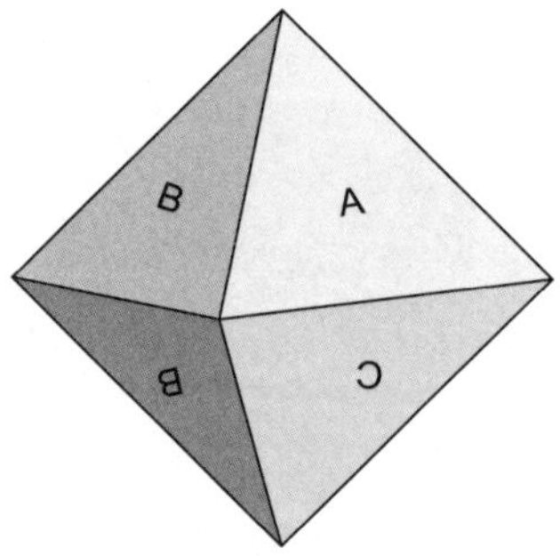

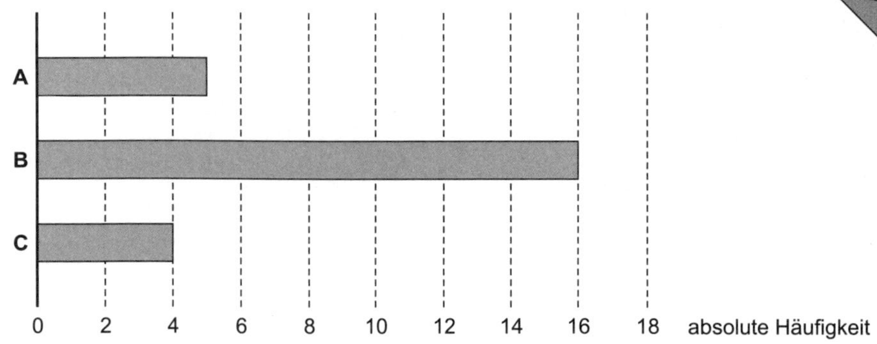

2 Nach sehr vielen Würfen ergaben sich folgende relative Häufigkeiten:
für **A** 25 %, für **B** 63 % und für **C** 12 %.
Gib an, wie viele Flächen des „8er-Würfels" vermutlich mit einem **A**, mit einem **B** beziehungsweise mit einem **C** beschriftet sind. 3 Pkte.

b Die Klasse 10a baut für das Schulfest einen Spielautomaten mit zwei Fenstern, in denen bei jedem Spiel zufällig eine der Ziffern von 0 bis 9 erscheint.

Das Bild zeigt zum Beispiel die Zahl 46 als Ergebnis eines solchen Spieles.

1 Gib an, mit welcher Wahrscheinlichkeit das Ergebnis 46 erscheint. 1 Pkt.

2 Bestimme die Wahrscheinlichkeit dafür, dass bei einem Spiel eine Zahl erscheint, die größer als 10 und kleiner als 20 ist. 1 Pkt.

3 Ein Spieler gewinnt nur dann, wenn eine Zahl mit zwei gleichen Ziffern erscheint.
Berechne, mit welcher Wahrscheinlichkeit ein Spieler zweimal nacheinander gewinnt. 2 Pkte.

4 Vincent hat folgende Spielidee:
Jedes Spiel kostet 50 Cent. Ein Spieler gewinnt 2 €, wenn eine Zahl mit der Endziffer 0 oder 5 erscheint. Bei allen anderen Zahlen verliert der Spieler.
Wie viel Euro Gewinn kann die Klasse 10a voraussichtlich nach 100 Spielen erwarten?
Begründe deine Antwort. 3 Pkte.

Abschlussprüfung Mathematik Realschulen Hessen
Haupttermin 2015 – Pflichtaufgaben

Punkte

Aufgabe P 1

a Ein Teil der gesamten Strecke ist markiert. Gib den dazugehörigen Bruch an. 1 Pkt.

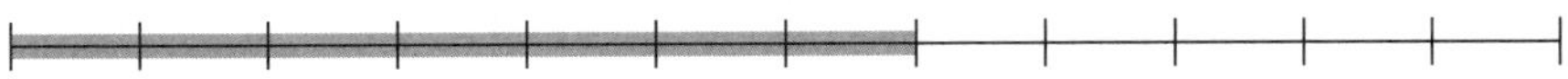

b Welcher Prozentangabe entspricht $\frac{3}{200}$? 1 Pkt.

Schreibe den Buchstaben deiner Antwort auf dein Reinschriftpapier.

A 0,015 % **C** 1,5 %

B 0,15 % **D** 15 %

c Wandle die Größen in die gesuchte Einheit um.

1 0,02 kg in Gramm 1 Pkt.

2 125 $m\ell$ in Liter 1 Pkt.

Aufgabe P 2

Bei einem 800-m-Lauf können die Mädchen der 10. Klassen ein Abzeichen in Gold, Silber oder Bronze erhalten. Die folgende Tabelle gibt an, mit welchen Laufzeiten man ein solches Abzeichen erhält.

Abzeichen	Gold	Silber	Bronze
Laufzeit bis einschließlich …	3:35 min	4:20 min	4:55 min

Anna, Lisa und Tabea laufen diese Strecke. Anna benötigt dafür 4 min 3 s und erreicht das Abzeichen in Silber.

a Um wie viele Sekunden hat Anna das Abzeichen in Gold verpasst? 1 Pkt.

b Lisa war 38 s langsamer als Anna. Berechne Lisas Laufzeit. 1 Pkt.

c Tabea läuft die 800 m lange Strecke mit durchschnittlich 3,8 m in der Sekunde. Reicht es für Gold? Begründe deine Entscheidung durch eine Rechnung. 3 Pkte.

Aufgabe P 3

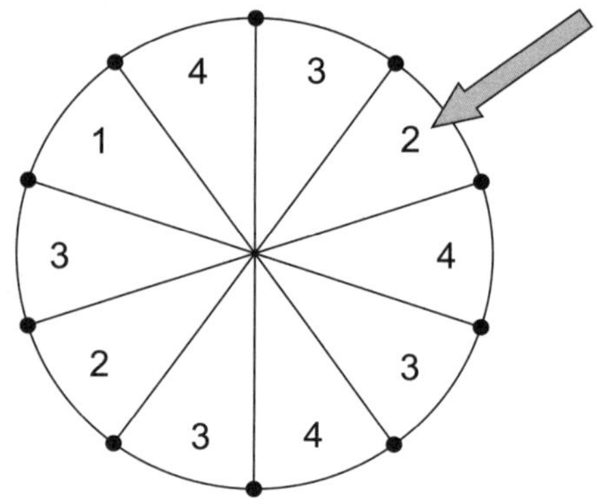

Das abgebildete Glücksrad besitzt gleich große Felder, die mit den Ziffern 1, 2, 3 oder 4 beschriftet sind.

a Gib die Wahrscheinlichkeit dafür an, dass beim einmaligen Drehen der Pfeil auf ein Feld mit der Ziffer 2 zeigt. 1 Pkt.

b Das Glücksrad wird zweimal gedreht und aus den beiden Ziffern wird eine zweistellige Zahl gebildet. Das erste Drehen ergibt dabei den Zehner, das zweite Drehen den Einer.

1 Berechne die Wahrscheinlichkeit dafür, dass sich so die Zahl 14 ergibt. 2 Pkte.

2 Gib die Zahl an, die dabei mit der größten Wahrscheinlichkeit gebildet wird. 2 Pkte.

c Sina hat bereits neunmal das Glücksrad gedreht. Bisher ist die Ziffer 1 nicht erschienen. 2 Pkte.
Sie behauptet: „Beim nächsten Drehen kommt auf jeden Fall die 1!“
Hat Sina recht? Begründe deine Antwort.

Aufgabe P 4

Die Fußball-Weltmeisterschaft in Brasilien im Jahr 2014 war ein sportliches Großereignis.
Auch in Deutschland gab es viele Menschen, die mit Begeisterung die Spiele verfolgten.

a In einer Umfrage vor der Weltmeisterschaft wurden 8 800 Personen befragt, wer Weltmeister wird. Nur 990 der befragten Personen erwarteten, dass Deutschland Weltmeister wird. 2 Pkte.
Berechne, wie viel Prozent das waren.

b Die 64 Spiele wurden von insgesamt 3 334 520 Zuschauern besucht. 3 Pkte.
87,5 % der Zuschauer hatten ihre Eintrittskarten gekauft.
Die restlichen Eintrittskarten wurden verschenkt.
Berechne die Anzahl der verschenkten Eintrittskarten.

c Im Vorverkauf für das Spiel „USA gegen Deutschland“ erhielten 3 428 deutsche Fans eine Eintrittskarte. Das entsprach 8 % der Plätze im Stadion. 2 Pkte.
Berechne die Anzahl aller Plätze im Stadion.

Aufgabe P 5

a Handwerker achten bei der Planung einer Treppe darauf, dass die Schrittmaßregel erfüllt ist. Diese besagt, dass die Größen für die Höhe h und die Tiefe t für jede Stufe die folgende Gleichung erfüllen sollen:

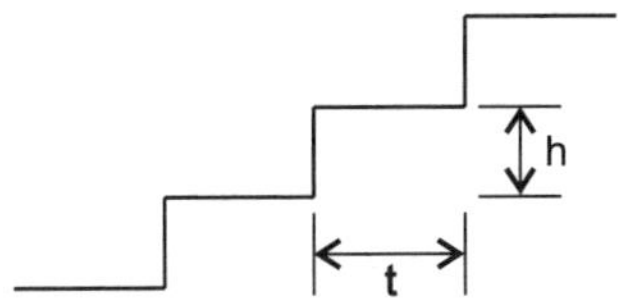

Zeichnung nicht maßgetreu

$2 \cdot h + t = 63$ (cm)

Dabei werden h und t in cm angegeben.

1 Das Haus von Frau Meier hat eine alte Treppe. Die Treppenstufen sind 14 cm hoch und 21 cm tief. Überprüfe, ob die Schrittmaßregel erfüllt ist. Schreibe einen Antwortsatz. 2 Pkte.

2 Frau Meier möchte eine neue Treppe haben. Die Treppe muss insgesamt einen Höhenunterschied von 2,72 m überwinden. Der Handwerker schlägt 16 Treppenstufen vor. Berechne die Tiefe t einer Treppenstufe, sodass die Schrittmaßregel erfüllt ist. 4 Pkte.

b Löse das Gleichungssystem. Notiere deine Lösungsschritte. 4 Pkte.

$$\begin{vmatrix} x + 2y = 1 \\ 3x + 4y = 5 \end{vmatrix}$$

Aufgabe P 6

Die Abbildung zeigt ein Trapez mit einem weißen Rechteck.

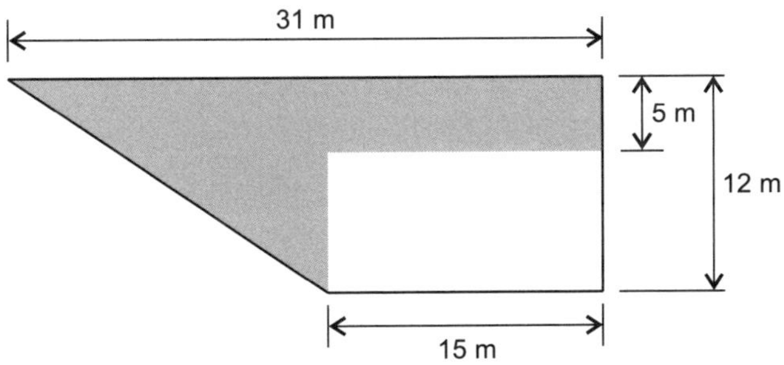

Zeichnung nicht maßgetreu

a Berechne den Flächeninhalt der grauen Fläche. 4 Pkte.

b Berechne den Umfang des Trapezes. 4 Pkte.

Aufgabe P 7

a Die Geraden g und h sind parallel zueinander. [3 Pkte.]
Bestimme, ohne zu messen, die Größen der Winkel α, β und γ.

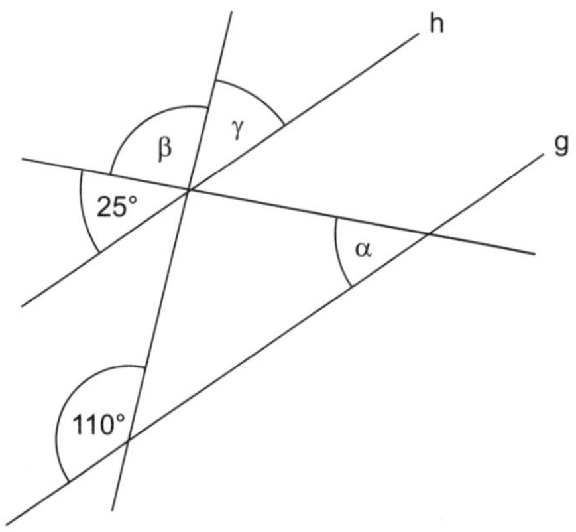

Zeichnung nicht maßgetreu

b Konstruiere ein Dreieck ABC mit den Maßen $b=4{,}5$ cm, $c=6$ cm und $\alpha=110°$. [3 Pkte.]
Beschrifte die Eckpunkte.

c Tim zeichnet ein Dreieck und misst danach die Seiten seines Dreiecks. [2 Pkte.]
Er notiert folgende Seitenlängen: $a=6{,}5$ cm, $b=3$ cm und $c=10$ cm.
Mia sagt ihm, dass die notierten Seitenlängen nicht stimmen können.
Erkläre, woran sie das erkannt haben kann.

Aufgabe P 8 [7 Pkte.]

Max möchte Pyramidenkerzen herstellen. Diese sollen 12 cm hoch sein und eine quadratische Grundfläche mit 6 cm langen Seiten besitzen. Der Docht soll 1 cm aus jeder Kerze herausragen.

Max stehen 4 750 g Wachs und 400 cm Kerzendocht zur Verfügung.

1 cm^3 Wachs wiegt 0,95 g.

Berechne, wie viele solcher Kerzen er aus den vorliegenden Materialien höchstens herstellen kann.
Formuliere einen Antwortsatz.

Punkte

Aufgabe W 1

Die Abbildung zeigt einen Fluss, an dessen Ufer eine Straße verläuft.
Es soll eine Seilbahn zur anderen Uferseite gebaut werden.
Dazu wurden Messungen vorgenommen und in die Skizze eingetragen.

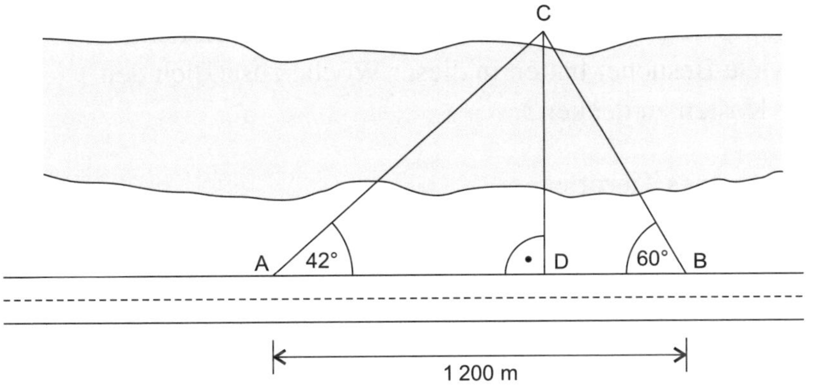

Zeichnung nicht maßgetreu

a Ein Praktikant soll anhand der Skizze eine Zeichnung des Dreiecks ABC im Maßstab 1 : 5 000 anfertigen.

1 Wie lang muss die Strecke $\overline{AB}$ in seiner Zeichnung sein? Gib dein Ergebnis in der Einheit Zentimeter an. 2 Pkte.

2 Mithilfe seiner Zeichnung bestimmt der Praktikant auch die anderen Entfernungen. Er erhält $\overline{AC} = 1\,100$ m und $\overline{AD} = 710$ m. Zeige durch eine Rechnung, dass der Praktikant einen Fehler gemacht hat. 3 Pkte.

b Ursprünglich sollte die Seilbahn entlang der Strecke $\overline{BC}$ gebaut werden. Aus Kostengründen entscheidet man sich, die Seilbahn entlang der Strecke $\overline{CD}$ zu bauen. 7 Pkte.

Berechne, wie viel Meter Seilbahn dadurch eingespart werden.
Runde auf Meter.

Aufgabe W 2

a In einem Zoo wurden innerhalb einer Woche folgende Besucherzahlen ermittelt:

Tag	Mo	Di	Mi	Do	Fr	Sa	So
Besucherzahl	165	153	194	349	298	412	487

1 Berechne die durchschnittliche tägliche Besucherzahl in dieser Woche. 1 Pkt.

2 Der Zoo muss durchschnittlich pro Tag 300 Besucher haben, damit die anfallenden Kosten gedeckt werden. Wie viele Besucher hätten in dieser Woche zusätzlich den Zoo besuchen müssen, um die Kosten zu decken? 2 Pkte.

b Das Diagramm zeigt den Arbeitstag eines Tierpflegers. 5 Pkte.

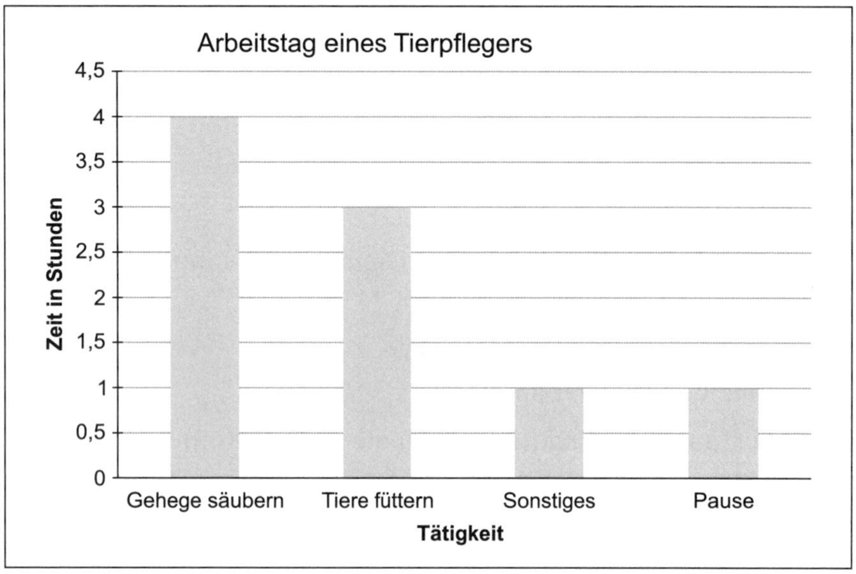

Stelle die Anteile in einem Kreisdiagramm dar. Beschrifte das Kreisdiagramm.

c Ein Auszubildender wiegt die Meerschweinchen und notiert die Messwerte:

Max	Micha	Moritz	Marc	Marlon	Miro
1 250 g	2 080 g	1 190 g	1 340 g	1 310 g	1 170 g

1 Bestimme die Spannweite der Messwerte. 1 Pkt.

2 Bestimme den Zentralwert (Median) der Messwerte. 2 Pkte.

3 Welchen Vorteil hat der Zentralwert bei der Beschreibung des durchschnittlichen Gewichts dieser Meerschweinchen gegenüber dem arithmetischen Mittel? Erkläre. 1 Pkt.

Aufgabe W 3

a Im Koordinatensystem sind die Graphen einer linearen Funktion und einer quadratischen Funktion eingezeichnet.

1 Im Bild schneiden sich die beiden Graphen im Punkt A. Gib die Koordinaten dieses Schnittpunktes an. 1 Pkt.

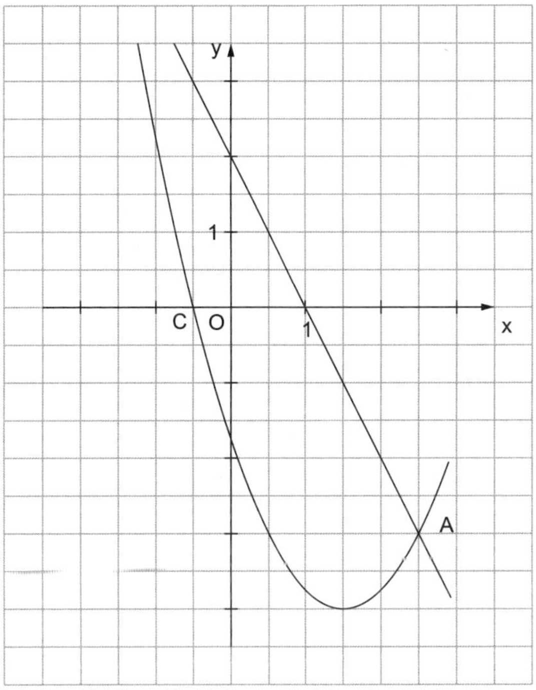

2 Die Graphen können durch folgende Gleichungen beschrieben werden: 2 Pkte.

Parabel: $y = (x - 1{,}5)^2 - 4$

Gerade: $y = -2x + 2$

Zeige mithilfe der Gleichungen rechnerisch, dass der zweite Schnittpunkt $B(-1{,}5\,|\,5)$ ist.

3 Die Parabel schneidet die x-Achse in den Punkten $C(-0{,}5\,|\,0)$ und D. Gib die Koordinaten des Punktes D an. 2 Pkte.

b Eine Parabel hat die Gleichung $y = (x + 5)^2 + 12$.

1 Schreibe die Koordinaten ihres Scheitelpunktes S auf. 1 Pkt.

2 Begründe, warum die zur Parabel zugehörige Funktion keine Nullstellen hat. 2 Pkte.

c Löse die quadratische Gleichung. $2x^2 - 15x + 22 = 0$ 4 Pkte.

Aufgabe W 4

a Das Bild zeigt die Überdachung eines Lichtschachtes.

1 Skizziere (freihand) das Netz (Abwicklung) dieser Überdachung. 2 Pkte.

2 Die gesamte Überdachung wird regelmäßig von außen gesäubert. 6 Pkte.
Eine Firma fertigt dafür einen Kostenvoranschlag an und berechnet pro Quadratmeter 4,00 € ohne Mehrwertsteuer.

Berechne die Kosten für eine Reinigung.
Gib diese Kosten mit der Mehrwertsteuer (19 %) an.

Schätze dazu geeignete Größen und rechne damit.
Formuliere einen Antwortsatz.

b Das nebenstehende Bild zeigt ein 2,5 m hohes Kunstwerk. Der Umfang der Grundfläche beträgt 3,9 m. 4 Pkte.
Berechne das Volumen des Kunstwerkes.
Runde dein Ergebnis auf Kubikmeter.

Aufgabe W 5

Im Supermarkt werden Schokoladeneier verkauft, die jeweils mit einer kleinen Überraschung gefüllt sind. Als Überraschung kann man einen Gartenzwerg, einen Schmuckstein, ein Puzzle oder einen Bausatz für ein Spielzeugauto erhalten.

Unter den 96 Schokoladeneiern einer Palette enthalten 12 einen Schmuckstein, 16 einen Gartenzwerg, 20 ein Puzzle und 48 einen Bausatz.
Die Verteilung gilt für jede Palette.

a Besonders begehrt sind die Schokoladeneier mit einem Schmuckstein.

1 Gib die Wahrscheinlichkeit dafür an, aus einer vollen Palette ein Schokoladenei **ohne** Schmuckstein auszuwählen. [1 Pkt.]

2 Aus einer vollen Palette werden zwei Schokoladeneier genommen. [2 Pkte.]
Berechne, mit welcher Wahrscheinlichkeit beide Schokoladeneier je einen Schmuckstein enthalten.

3 Wie viele Schokoladeneier einer Palette muss man mindestens kaufen, damit man mit Sicherheit einen Schmuckstein bekommt? [2 Pkte.]

4 Die Werbung verspricht, dass sich in jedem 6. Schokoladenei ein Schmuckstein befindet. [2 Pkte.]
Stimmt das? Begründe deine Entscheidung.

b Aus einer vollen Palette werden zwei Schokoladeneier genommen. [3 Pkte.]
Berechne die Wahrscheinlichkeit dafür, dass man ein Puzzle und einen Bausatz erhält.

c Es werden auch Paletten mit 42 Schokoladeneiern angeboten. [2 Pkte.]
Gib an, wie viele dieser Schokoladeneier mit einem Gartenzwerg gefüllt sein müssen, wenn die gleiche Häufigkeitsverteilung vorliegt wie bei den Schokoladeneiern der großen Palette.

Deutsch

Peter Stamm: Die ganze Nacht

Am späten Nachmittag hatte es angefangen zu schneien. Er war froh, dass er sich den Tag freigenommen hatte. Der Schnee fiel sofort so dicht, dass er nach einer halben Stunde schon die Straßen bedeckte. Vor dem Haus sah er den Hausmeister den Gehweg kehren. Er trug eine Kapuze und führte auf einer dunklen Insel einen vergeblichen Kampf gegen den stetig fallenden Schnee.

Es war gut, dass er diesmal nicht zum Flughafen gefahren war, um sie abzuholen. Das letzte Mal hatte er ihr Blumen aus dem Automaten gekauft und sie dazu überredet, die lange Fahrt nach Manhattan mit der U-Bahn zu machen. Als sie dann vor einigen Tagen telefoniert hatten, meinte sie, es sei nicht nötig, dass er sie abhole, sie werde ein Taxi nehmen.

Er stand am Fenster und schaute hinaus. Selbst wenn der Flug pünktlich war, würde sie frühestens in einer halben Stunde hier sein. Aber er war jetzt schon unruhig. Er verwarf Sätze, die er sich in den vergangenen Wochen zurechtgelegt und sich immer wieder vorgesagt hatte. Er wusste, dass sie eine Erklärung verlangen würde, und wusste, dass er keine hatte. Er hatte nie Erklärungen gehabt, aber er war sich immer sicher gewesen.

Eine Stunde später stand er wieder am Fenster. Es schneite noch immer, heftiger als zuvor, es war ein richtiger Schneesturm. Der Hausmeister hatte seinen Kampf aufgegeben. Alles war jetzt weiß, selbst die Luft schien weiß zu sein vom hellen Grau der einsetzenden Dämmerung, das kaum zu unterscheiden war vom Weiß des fallenden Schnees. Die Autos fuhren langsam und mit großer Behutsamkeit. Die wenigen Fußgänger, die noch draußen waren, stemmten sich gegen den Wind.

Er schaltete den Fernseher ein. Auf allen lokalen Kanälen war vom Sturm die Rede und es war seltsam, dass man ihm schon einen Namen gegeben hatte, den alle Stationen kannten. In den Außenbezirken, hieß es, sei das Chaos noch größer als in der Innenstadt, und von der Küste kamen Meldungen über Hochwasser. Aber die Moderatoren, die man hinausgeschickt hatte und die, dick angezogen, in Mikrophone mit groteskem Windschutz sprachen, waren guter Laune und warfen Schneebälle in die Luft und wurden nur ernst, wenn sie Sach- oder Personenschäden zu berichten hatten.

Er rief die Fluggesellschaft an. Der Flug, sagte man ihm, sei wegen des Schneesturms nach Boston umgeleitet worden. Kaum hatte er aufgelegt, klingelte das Telefon. Sie rief aus Boston an, sagte, sie müsse gleich weiter, es gäbe Gerüchte, dass der Kennedy Airport wieder offen sei. Vielleicht müssten sie aber auch in Boston übernachten. Sie sagte, sie freue sich auf ihn, und er sagte, sie solle auf sich aufpassen. Sie sagte, bis später, und legte sofort auf.

Draußen war es dunkel geworden. Der Schnee fiel unaufhörlich, er fiel und fiel, und außer einigen Taxis, die im Schritttempo fuhren, waren keine Autos mehr zu sehen. Er hatte mit ihr essen gehen wollen, jetzt hatte er Hunger. Im Kühlschrank gab es nur ein paar Dosen Bier, im Gefrierfach eine Flasche Wodka und Eiswürfel. Er dachte, dass er etwas einkaufen sollte. Sie würde bestimmt hungrig sein nach der langen Reise. Er zog seinen warmen Mantel an und Gummistiefel. Er hatte keine anderen hohen Schuhe, die Stiefel hatte er kaum je getragen. Er nahm einen Schirm und ging nach draußen.

Der Schnee lag hoch, aber er war nicht schwer und ließ sich mit den Beinen leicht beiseitepflügen. Alle Geschäfte waren geschlossen, nur in wenigen hatte sich das Personal die Mühe gemacht, auf einem improvisierten Schild den Grund für den frühen Ladenschluss zu nennen.

Er ging quer durch die Stadt. Die Lexington Avenue war schneebedeckt, auf der Park Avenue sah er in einiger Entfernung die orangefarbenen Blinklichter der Schneepflüge, die in einem Konvoi die Straße heraufkamen. Die Madison und die Fifth Avenue waren irgendwann geräumt worden, aber sie waren schon wieder weiß. Hier musste er über hohe Schneewälle steigen. Er sank ein, und der Schnee drang in seine Stiefel.

Über den Times Square lief ein Langläufer. Die Leuchtreklamen blinkten, als sei nichts geschehen. Die farbigen Bewegungen hatten etwas Gespenstisches in der großen Stille. Er ging weiter, den Broadway hinauf. Kurz vor dem Columbus Circle sah er die beleuchteten Fenster eines Coffee Shops. Er war schon früher dort eingekehrt, der Geschäftsführer und die Kellner waren Griechen, und das Essen war gut.

Im Lokal waren nur wenige Gäste. Die meisten saßen alleine an einem Tisch an der Glasfront, die bis zum Boden reichte, tranken Kaffee oder Bier und schauten hinaus. Die Stimmung war festlich, niemand sprach, es war, als seien sie alle Zeugen eines Wunders.

Er setzte sich an einen Tisch und bestellte ein Bier und ein Club Sandwich. Der Schnee in seinen Stiefeln begann zu schmelzen. Als der Kellner das Bier brachte, fragte er ihn, weshalb das Lokal noch offen sei. Siehätten nicht mit so viel Schnee gerechnet, sagte der Kellner, und jetzt sei es zu spät. Die meisten von ihnen wohnten in Queens, und dort hinauszukommen sei im Moment unmöglich. Da könnten sie das Lokal ebenso gut offenlassen. „Vielleicht die ganze Nacht", sagte der Kellner und lachte.

Der Weg zurück schien leichter zu sein, obwohl es immer noch schneite. Er hatte sich ein Sandwich für sie einpacken lassen und gemerkt, dass er nicht wusste, was sie mochte. Er hatte eins mit Schinken und Käse genommen. Keine Mayonnaise, keine Pickles[1], das wusste er noch.

Sie hatte ihm eine Nachricht hinterlassen, auf dem Anrufbeantworter. Einen Flug hatte es nicht gegeben, jetzt sei Boston auch zu. Man bringe sie zum Bahnhof, von dort solle es einen Zug geben. Sie werde, wenn alles gutgehe, in vier Stunden in Manhattan sein. Der Anruf war vor einer Stunde gekommen.

Er schaltete wieder den Fernseher ein. Ein Mann stand vor einer Karte und erklärte, dass der Sturm entlang der Küste nach Norden ziehe, er habe inzwischen Boston erreicht. In New York sei das Schlimmste vorüber, sagte der Mann und lächelte, aber es werde wohl noch die ganze Nacht schneien.

Er schaltete den Fernseher aus und trat wieder ans Fenster. Er dachte nicht mehr an seine Sätze, schaute nur noch hinaus auf die Straße. Er löschte das Deckenlicht und machte die Schreibtischlampe an. Dann kochte er Tee, setzte sich aufs Sofa und las. Um Mitternacht ging er zu Bett.

Als es klingelte, war es drei Uhr. Bevor er an der Tür war, klingelte es wieder. Er drückte auf den Türöffner und wartete einen Augenblick. Dann trat er, obwohl er nur in Shorts und T-Shirt war, hinaus auf den Flur und ging zum Aufzug. Es schien eine Ewigkeit zu dauern. Natürlich wusste er, dass sie es war, aber er war doch erstaunt, als die Tür des Aufzugs sich öffnete und er sie vor sich stehen sah. Sie stand einfach nur da, neben ihrem großen roten Koffer, und wartete. Er trat auf sie zu. Als er sie küssen wollte, umarmte sie ihn. Die Tür des Aufzugs schloss sich in seinem Rücken. Sie sagte: „Ich bin so unglaublich müde." Er drückte auf den Knopf, und die Tür öffnete sich wieder.

Sie teilten sich das Sandwich, und sie erzählte, wie der Zug auf halber Strecke im Schnee stecken geblieben sei, wie er Stunden so gestanden habe, bis endlich ein Pflug das Gleis freiräumte.

„Natürlich hat niemand etwas gewusst", sagte sie. „Ich hatte Angst, dass wir die ganze Nacht stehen würden. Wenigstens habe ich warme Kleider dabei." Er fragte, ob es immer noch schneie, schaute dann hinaus in die Nacht und sah, dass es fast aufgehört hatte.

„Das Taxi hat mich an der Lexington ausgeladen", sagte sie. „Es konnte nicht in die Straße rein. Ich habe dem Fahrer zwanzig Dollar gegeben und gesagt, bringen sie mich hin, egal wie. Er hat den Koffer zu Fuß hinterher geschleppt. Ein kleiner Pakistani. Ein netter Mann."

Sie lachte. Sie hatten Wodka getrunken, und er schenkte noch einmal ein. „Und?", sagte sie. „Was ist denn so Dringendes, worüber du mit mir sprechen willst?"

„Ich liebe den Schnee", sagte er.

Er stand auf und trat ans Fenster. Der Schnee fiel nur noch in kleinen Flocken, die vom Himmel schwebten, manchmal aufstiegen, als seien sie leichter als Luft, und wieder sanken und im Weiß der Straße untergingen. „Ist es nicht wunderschön?"

Er schaute sie lange an, wie sie dasaß und an ihrem Wodka nippte. Er sagte:

„Ich bin froh, dass du da bist."

Quelle: Peter Stamm: In fremden Gärten. Erzählungen. Zürich: Arche-Verlag 2003.

1 Pickles: in Essig eingelegtes und gewürztes Gemüse

Teil I: Lesen

1. Kreuze die richtige Antwort an. 5 Pkt.

   a) Mit welcher Tageszeit beginnt die Erzählung?

   - ☐ späte Nacht
   - ☐ früher Morgen
   - ☐ später Morgen
   - ☐ später Nachmittag

   b) Mit welchen Verkehrsmitteln plant die Frau ihre Reise?

   - ☐ Zug und Taxi
   - ☐ Flugzeug und Taxi
   - ☐ Flugzeug und U-Bahn
   - ☐ Zug und U-Bahn

   c) Mit welchen Verkehrsmitteln setzt die Frau den letzten Teil ihrer Reise ab Boston schließlich fort?

   - ☐ Zug und Taxi
   - ☐ Flugzeug und Taxi
   - ☐ Flugzeug und U-Bahn
   - ☐ Zug und U-Bahn

   d) Welche Nationalität hat der Taxifahrer, der die Frau zur Wohnung fährt?

   - ☐ amerikanisch
   - ☐ deutsch
   - ☐ pakistanisch
   - ☐ griechisch

   e) An welchem Ort spielt die Erzählung?

   - ☐ Chicago
   - ☐ Manhattan
   - ☐ Boston
   - ☐ Queens

2. Welche der folgenden Aussagen sind richtig? 2 Pkt.

   Im Text steht, dass aufgrund des Schneefalls …

   A die Geschäfte geschlossen sind.
   B keine Taxis mehr fahren.
   C der Kennedy-Flughafen in New York gesperrt ist.
   D die Frau später eintreffen wird.
   E alle Lokale früher geschlossen haben.
   F niemand sonst auf der Straße ist.

Kreuze die richtige Antwort an.

☐ Alle Aussagen sind richtig.

☐ A, C, D und E sind richtig.

☐ A, C, E und F sind richtig.

☐ A, C und D sind richtig.

☐ Nur C und F sind richtig.

3. Nummeriere die Tätigkeiten, denen der Mann nachgeht, entsprechend dem Handlungsverlauf von 1 bis 5. 3 Pkt.

Tätigkeit	**Nummerierung**
Er telefoniert mit der Fluggesellschaft.	
Er steht am Fenster und beobachtet den Hausmeister.	
Er trinkt Bier und isst ein Sandwich.	
Er kocht Tee.	
Er geht schlafen.	

4. Der Schnee wird in der Geschichte von verschiedenen Personen unterschiedlich wahrgenommen. Ordne den vier Überschriften jeweils eine passende Textstelle (Zeilenangabe) zu. 4 Pkt.

Wirkung auf die Figur	**Zeilenangabe**
Erschwernis der Arbeit der Menschen	
Erleichterung über geringes Ausmaß der Schäden	
Anpassung an schwierige Umstände	
Begeisterung für den Schnee	

5. Welche Merkmale einer Kurzgeschichte sind hier erkennbar? Nenne vier Merkmale und belege sie. 8 Pkt.

____

____

____

____

____

____

____

____

6. a) Ein Leser behauptet: „Man kann gut erkennen, dass die beiden Hauptfiguren ein Paar sind.“ Belege diese Aussage anhand von drei Textbeispielen. 6 Pkt.

b) Ein anderer Leser behauptet: „Die Beziehung der beiden Hauptfiguren ist gestört.“ Belege diese Aussage anhand von drei Textbeispielen. 6 Pkt.

7. Begründe, welche der drei Aussagen deiner Meinung nach am besten passt. 6 Pkt.

Der Mann erwartet die Frau, weil er …
- die Beziehung beenden möchte.
- einen Neuanfang mit ihr möchte.
- ihr etwas anderes Wichtiges zu sagen hat.

Teil II: Schreiben

II.A: Textproduktion (Wahlaufgabe)

Wähle **eine** der beiden folgenden Aufgaben aus und bearbeite sie.

a) *„Und?", sagte sie. „Was ist denn so Dringendes, worüber du mit mir sprechen willst?"* (Zeile 168–170).

   Erzähle das Ende der Kurzgeschichte ab dieser Zeile so, dass der Mann die Kraft findet, das auszusprechen, was er zu Beginn nicht sagen kann.

   Schreibe deinen Text auf Reinschriftpapier.

   Ziel deiner Erzählung sollte sein, Spannung zu erzeugen und den Leser zu unterhalten.

oder

b) Naturerlebnisse können die Stimmung von Menschen stark beeinflussen. **Beschreibe**, wie ein unvorhergesehenes Wetterchaos deine Umgebung oder deine eigene Stimmung beeinflusst hat.

   Schreibe deinen Text auf Reinschriftpapier.

   Ziel deiner Beschreibung sollte sein, bei dem Leser eine Vorstellung vom Naturereignis zu erzeugen.

Dein Text (Tagebucheintrag oder Erzählung) wird wie folgt bewertet:

	Punkte
Aufbau / Inhalt / formale Aspekte (z. B. Einleitung, Hauptteil, Schluss / „roter Faden")	24
Sprachangemessenheit (Wortschatz, Satzbau, Ausdruck, Zeitform)	12
Sprachrichtigkeit (Rechtschreibung, Zeichensetzung, Grammatik)	4
Summe	**40**

II.B: Sprachliche Richtigkeit

1. Markiere und verbessere die **zwölf Rechtschreib- und Zeichensetzungsfehler** im Text. Schreibe die jeweils verbesserte Schreibung unter die fehlerhafte Stelle. Zeichensetzungsfehler kannst du im Text verbessern. Eigennamen sind korrekt geschrieben. 6 Pkt.

> **Beispiel:**
>
> *Viele Fehler können ~~druch~~ Korrektur gefunden werden, wenn man wortweise …*
>
> durch

Ewig lockt das Limit

Das Gesicht dieses Menschen: die Haut wie fest über den Schedel gezogen,

eine Maske ohne Fettpolster die Augen deutlich tiefer unter der

schweißglänzenden Stirn der Blick seltsam entrückt. Warum ist Günter

Topf hier? Und: Warum erträgt er dass?

Hinterher wird Günter Topf sagen, dass er von dieser Strecke „keinen

einzigen Meter" hätte missen wollen – auch wenn er am Ende nicht

durchgekommen ist. Und dann wird er wie so oft ein bischen das erstaunen

geniesen, das seine Zuhörer bei solchen Worten befällt.

Denn natürlich denken fast alle zunächst das: Wer ohne Zwang regelmeßig

zwei und mehr Marathons übereinander stapelt muss ein Wahnsinniger

sein oder wenigstens ein Hochleistungssportler. Aber Günter Topf ist ein

Vernunftbegabter, nicht einmal anähernd asketisch lebender Amateur, der

auf eigene Kossten und ohne Aussicht auf einen Sieg hierhergekommen ist.

Aus: Heiner Müller-Eisner, Bertram Job, Geo Wissen, Nachdruck 24/1997

2. Groß- oder Kleinschreibung? 6 Pkt.
   Prüfe die Sätze auf richtige Groß- und Kleinschreibung. Kreise die falsch geschriebenen Buchstaben ein.

   a) Ich werde beim laufen schnell müde.

   b) Zum trinken gab es nur Limonade.

   c) Sie trafen sich Nachmittags zum Lernen.

   d) Das experimentieren mit den Chemikalien im Unterricht hat Spaß gemacht.

   e) Ich liebe das tiefe blau ihrer Augen.

   f) Obwohl ich es ständig wiederholte, reagierte niemand auf mein Schimpfen.

3. Wähle die Begründung aus, warum hier ein Komma stehen muss. 4 Pkt.

   Begründungen:
   A Das Komma trennt Relativsätze von Hauptsätzen.
   B Das Komma trennt Einschübe.
   C Das Komma trennt Aufzählungen.
   D Das Komma steht vor Konjunktionen.

Satz	**Begründung**
Die Polizei sucht die Frau, die vermisst wird.	
Nachdem wir gekämpft, gespielt und gesiegt hatten, verspürten wir großen Hunger.	
Luca, der schlaue Fuchs, war der schnellste von allen.	
Die Polizei sucht die Frau, weil sie vermisst wird.	

4. Nenne die passende Strategie, die du zur korrekten Schreibung des markierten Wortes anwendest. 4 Pkt.

   A Ich zerlege das Wort in Vor- und Nachsilbe.
   B Ich bilde die Mehrzahl des Wortes und beachte die Endung.
   C Ich bilde die Grundform und beachte dabei den Binnenlaut.
   D Ich überprüfe die Wortart.
   E Ich achte auf die Vokallänge.

Satz	**Strategie**
Er sollte den Eigentümer treffen.	
Durch das Schneiden konnte die Hecke gerettet werden.	
Sie kaufte eine Weste.	
An der Straße wachsen viele Sträucher.	

Reiner Kunze: Clown, Maurer oder Dichter

Ich gebe zu, gesagt zu haben: Kuchenteller. Ich gebe ebenfalls zu, auf die Frage des Sohnes, ob er allen Kuchen auf den Teller legen solle, geantwortet zu haben: allen. Und ich stelle nicht in Abrede, daß der Kuchen drei Viertel der Fläche des Küchentischs einnahm. Kann man denn aber von einem zehnjährigen Jungen nicht erwarten, daß er weiß, was gemeint ist, wenn man Kuchenteller sagt? Das Händewaschen hatte ich überwacht, und dann war ich hinausgegangen, um meine Freunde zu begrüßen, die ich zum Kartoffelkuchenessen eingeladen hatte. Frischer Kartoffelkuchen von unserem Bäcker ist eine Delikatesse.

Als ich in die Küche zurückkehrte, kniete der Sohn auf dem Tisch. Auf einem jener Kuchenteller, die nur wenig größer sind als eine Untertasse, hatte er einen Kartoffelkuchenturm errichtet, neben dem der schiefe Turm zu Pisa senkrecht gewirkt hätte. Ich sparte nicht mit Stimme.

Ob er denn nicht sehe, daß der Teller zu klein sei.

Er legte sich mit der Wange auf den Tisch, um den Teller unter diesem völlig neuen Gesichtspunkt zu betrachten.

Er müsse doch sehen, daß der Kuchen nicht auf diesen Teller passe.

Aber der Kuchen passe doch, entgegnete er. Das eine Blech lehnte am Tischbein, und auch das andere war fast leer.

Ich begann, mich laut zu fragen, was einmal aus einem Menschen werden solle, der einen Quadratmeter Kuchen auf eine Untertasse stapelt, ohne auch nur einen Augenblick daran zu zweifeln, daß sie groß genug sein könnte.

Da standen meine Freunde bereits in der Tür. „Was aus dem Jungen werden soll?“, fragte der erste, meine Worte aufnehmend. Er peilte den Turm an. „Der Junge offenbart ein erstaunliches Gefühl für Balance. Entweder er geht einmal zum Zirkus, oder er wird Maurer.“

Der zweite ging kopfschüttelnd um den Turm herum. „Wo hast du nur deine Augen?“, fragte er mich. Erst jetzt entdeckte ich, daß die von mir geschnittenen Kuchenstücke gevierteilt waren, als wären wir zahnlose Greise. Mein Freund sah die größeren Zusammenhänge. „Siehst du denn nicht, daß in dem Jungen ein Künstler steckt?“, sagte er. „Der Junge hat Mut zum Niegesehenen. Er verknüpft die Dinge so miteinander, daß wir staunen. Er hat schöpferische Ausdauer. Vielleicht wird aus ihm sogar ein Dichter, wer weiß.“

„Eher ein richtiger oder ein genialer Soldat“, sagte der dritte, den ich jedoch sogleich unterbrach. „Soldat? Wieso Soldat?“, fragte ich auf die Gefahr hin, dem Sohn die Wörter wieder abgewöhnen zu müssen, die zu erwarten waren, sobald sich dieser Freund seiner Armeezeit erinnerte. Er antwortete: „Ein richtiger Soldat, weil er auch den idiotischsten Befehl ausführt. Und ein genialer Soldat, weil er ihn so ausführt, daß das Idiotische des Befehls augenfällig wird. Ein Mensch wie er kann zum Segen der Truppe werden.“

Ich hoffte, der Sohn würde das meiste nicht verstanden haben. Am Abend hockte er sich jedoch zu Füßen seiner Schwester aufs Bett und fragte sie, was zu werden sie ihm rate: Clown, Maurer oder Dichter. Soldat zu werden, zog er nicht in Betracht, weil er es dann mit Vorgesetzten wie seinem Vater zu tun haben könnte.

Seitdem bedenke ich, wer bei uns zu Gast ist, bevor ich eines meiner Kinder kritisiere.

Quelle: Reiner Kunze: Die wunderbaren Jahre, S. Fischer Verlag, 2003. (Erstveröffentlichung: 1976)

Der Text folgt der Schreibung des Originals.

Teil I: Lesen

1. Kreuze die richtige Antwort an. Es ist jeweils nur eine Antwort richtig. 6 Pkt.

a) Wie müsste die Frage des Sohnes lauten?

- ☐ „Soll ich allen Kuchen auf den Kuchenteller legen?“
- ☐ „Soll ich den gesamten Kuchen auf den Tisch stellen?“
- ☐ „Soll ich den Kuchen in Viertel schneiden?“
- ☐ „Soll ich den Kuchen zu einem Turm stapeln?“

b) Wie alt ist der Sohn?

- ☐ 8 Jahre
- ☐ 9 Jahre
- ☐ 10 Jahre
- ☐ 11 Jahre

c) Von welchem Kuchen ist im Text die Rede?

- ☐ Käsekuchen
- ☐ Kartoffelkuchen
- ☐ Kirschkuchen
- ☐ Kakaokuchen

d) Worüber ärgert sich der Vater zuerst?

Er ärgert sich darüber, dass …

- ☐ sein Sohn den Kuchen in Stücke geschnitten hat.
- ☐ sein Sohn sich nicht allein die Hände waschen kann.
- ☐ sein Sohn den Kuchen gestapelt hat.
- ☐ er selbst unklare Anweisungen gegeben hat.

e) Wie viele Erwachsene diskutieren über den Vorfall?

- ☐ Vater, Mutter und zwei Gäste
- ☐ Vater und drei Gäste
- ☐ Vater und zwei Gäste
- ☐ Vater, Mutter und vier Gäste

f) Welche Begründung liefert der Gast, der in dem Sohn die Fähigkeiten des Maurers entdeckt?

- ☐ Er hat ein Gefühl für Balance.
- ☐ Er hat ziemlich starke Arme.
- ☐ Er hat schöpferische Ausdauer.
- ☐ Er hat großen Mut.

2. Kreuze die richtige Antwort an. Es ist jeweils nur eine Antwort richtig. 4 Pkt.

   a) Was bedeutet der Ausdruck „sparte nicht mit Stimme“ in dieser Situation (Z. 19)?

   ☐ Der Vater ist großzügig.

   ☐ Der Vater spricht tief.

   ☐ Der Vater schweigt.

   ☐ Der Vater schreit.

   b) Wie unterscheiden sich „richtige“ von „genialen“ Soldaten (Z. 58–61)?

   ☐ Richtige Soldaten führen die Befehle gewissenhaft aus, geniale dagegen schlampig.

   ☐ Richtige Soldaten stellen Befehle nicht in Frage, geniale führen unsinnige Befehle so aus, dass dadurch ihre Sinnlosigkeit deutlich wird.

   ☐ Richtige Soldaten stellen Befehle in Frage, geniale Soldaten führen unsinnige Befehle so gut aus, dass sie einen Sinn bekommen.

   ☐ Richtige Soldaten verweigern den Gehorsam, wenn er unsinnig ist, geniale verweigern unsinnige Befehle.

3. Nummeriere die Ereignisse und Handlungen in der Reihenfolge des Erzählverlaufs von 1 bis 6. 3 Pkt.

Sätze	**Nummerierung**
Der Vater schimpft mit dem Sohn.	
Der Sohn hilft bei der Vorbereitung der Feier.	
Die Gäste reagieren auf den Ärger des Vaters.	
Der Vater überdenkt seine Haltung.	
Der Vater entdeckt, dass der Kuchen in sehr kleine Stücke geteilt wurde.	
Der Vater wünscht sich, dass der Sohn die Kommentare der Gäste nicht verstanden hat.	

4. Ordne den Zitaten die passenden sprachlichen Mittel zu. Trage die passenden Buchstaben in die Tabelle ein. 4 Pkt.

   Sprachliche Mittel:

   A Anapher
   E Ellipse
   P Personifikation
   Ü Übertreibung
   V Vergleich

Hinweis: Einige sprachliche Mittel können zu mehreren Textstellen passen, andere zu keinen.

Zitat	Sprachliches Mittel
„Vielleicht wird aus ihm sogar ein Dichter, wer weiß.“ (Z. 50 f.)	
„Soldat? Wieso Soldat?“ (Z. 54)	
„Ein Mensch wie er kann zum Segen der Truppe werden.“ (Z. 61 f.)	
„…, weil er es dann mit Vorgesetzten wie seinem Vater zu tun haben könnte.“ (Z. 68 f.)	

5. Beschreibe die Erzählperspektive der Geschichte. 2 Pkt.

6. „Das Händewaschen hatte ich überwacht, …“ (Z. 9)
Beschreibe, was dieser Satz über die Beziehung des Vaters zu seinem Sohn aussagt (Stichpunkte genügen). 5 Pkt.

7. An einigen sprachlichen Mitteln kann man erkennen, dass manche Aussagen des Erzählers nicht ganz ernst gemeint sind.
Zitiere drei Textstellen und benenne die sprachlichen Mittel (Zitate und Stichpunkte genügen). 6 Pkt.

8. Der Vater sagt: „Ich hoffte, der Sohn würde das meiste nicht verstanden haben." (Z. 63 f.) Begründe anhand des Textes, weshalb sich diese Hoffnung des Vaters nicht bestätigt (Stichpunkte genügen). 4 Pkt.

9. Der Satz „Seitdem bedenke ich, wer bei uns zu Gast ist, bevor ich eines meiner Kinder kritisiere." (Z. 70 f.) kann bedeuten, dass …
- der Mann überdenkt, ob er seine Kinder wirklich zu Recht kritisiert.
- der Mann mit Kritik lieber spart, wenn er Gäste hat.
- die Erzählung als Selbstkritik des Mannes zu verstehen ist.

Wähle einen der drei Standpunkte aus und begründe in ganzen Sätzen, warum er aus deiner Sicht zutrifft. 6 Pkt.

Teil II: Schreiben

II.A: Textproduktion (Wahlaufgabe)

Wähle **eine** der beiden folgenden Aufgaben aus und bearbeite sie.

a) Erzähle die Geschichte aus Sicht des Sohnes.

Ziel deiner Erzählung soll sein, die Sichtweise des Sohnes darzustellen.

oder

b) Argumentiere: Darf man unfaires Verhalten von Freundinnen und Freunden gegenüber Mitschülerinnen und Mitschülern vor der Klasse kritisieren, wenn eine Lehrerin oder ein Lehrer anwesend ist?

Ziel deiner Argumentation sollte sein, deine eigene Sichtweise zu begründen und deine Leserinnen und Leser zu überzeugen.

Dein Text (Erzählung oder Argumentation) wird wie folgt bewertet:

	Punkte
Aufbau/Inhalt (z. B. Einleitung, Hauptteil, Schluss/„roter Faden“)	24
Sprachangemessenheit (Wortschatz, Satzbau, Ausdruck)	12
Sprachrichtigkeit (Rechtschreibung, Zeichensetzung, Grammatik)	4
Summe	**40**

Nicola von Lutterotti: Viel trinken müssen – eine Mär[1]?

Viel trinken – das ist ein häufiger Rat, auch an Gesunde. Doch jetzt weisen mehrere Forscher darauf hin, dass dem Wasserkult die wissenschaftliche Grundlage fehlt. Und sie stellen die Frage, ob zu viel Flüssigkeit sogar schaden kann.

Man muss viel trinken, das sei gut für die Gesundheit, die Schönheit, den Geist, so heißt es. Und um das tägliche Quantum zu bewältigen, solle man sich am besten einen Trinkplan zulegen. Durst allein scheint danach kein geeignetes Maß für den Wasserbedarf zu sein. Wer trotz aller Warnungen die Wasserflasche leicht aus dem Blick verliert, kann sich deshalb jetzt auch eine Trink-App aufs Handy runterladen. Ein schriller Piepton erinnert dann in regelmäßigen Abständen daran, dass der körpereigene Wasserpegel schon wieder gefallen ist und somit Nachschub benötigt wird. Von der Getränkeindustrie meisterlich orchestriert[2], trägt das Hohelied auf die wundersamen Wirkungen prall gefüllter Flüssigkeitsspeicher inzwischen stattliche Früchte. Wohin der Blick auch schweift – überall stehen, gehen, rollen und laufen sie, die um ihr Wohl besorgten Wasserträger.

Die beachtliche Anhängerschaft des modernen „Wasserkults“ darf freilich nicht darüber hinwegtäuschen, dass das Vieltrinken-Müssen wissenschaftlich auf äußerst wackligem Fundament steht. Sicherlich, ohne Wasser kann der Mensch nur wenige Tage überleben und muss Flüssigkeitsverluste daher ausgleichen. Wie viel Wasser ein Individuum benötigt, hängt aber von etlichen Faktoren ab, wie dem genetischen Hintergrund, der herrschenden Außentemperatur und dem Ausmaß an körperlicher Aktivität. Mitunter kann ein erhöhter Wasserverbrauch aus therapeutischer Sicht geboten sein, etwa wenn es darum geht, den Abgang von Nierensteinen zu begünstigen.

Viel weniger klar ist, ob ein erhöhter Flüssigkeitskonsum auch gesunden Menschen zugutekommt. Die einschlägigen Fachgesellschaften raten, täglich mindestens eineinhalb Liter – das sind sechs bis acht Gläser – Flüssigkeit aufzunehmen. Solche vom Durst unabhängige Trinkvorgaben hält die britische Allgemeinärztin Margaret McCartney aus Glasgow für Unsinn. Wie sie im „British Medical Journal“ erklärt, entbehren derartige Empfehlungen einer soliden wissenschaftlichen Grundlage.

Ähnlich kritisch äußern sich die amerikanischen Nephrologen[3] Dan Negoianu und Stanley Goldfarb von der Universität in Philadelphia (Pennsylvania) im „Journal of the American Society of Nephrology“. Nicht nachvollziehbar ist demnach, wer die mittlerweile etablierten Trinkmengenempfehlungen in Umlauf gebracht hat und auf welchen Forschungserkenntnissen diese beruhen. Denn die Fachliteratur enthalte keine Daten, die solche Vorgaben rechtfertigten. Auch die Behauptung, ein erhöhter Flüssigkeitskonsum beuge verschiedenen Krankheiten vor und lasse die Haut straffer erscheinen, steht laut den beiden Nierenärzten wissenschaftlich auf tönernen Füßen. Für einen solchen Zusammenhang gebe es keine stichhaltigen Beweise.

Was bei den Diskussionen um den echten oder vermeintlichen Wasserbedarf oft sprichwörtlich untergeht: Der menschliche Organismus verfügt über eine Reihe von Regulationsmechanismen, die Flüssigkeitsverlusten äußerst effizient entgegenwirken. Durst ist einer davon. Dass dieses entwicklungsgeschichtlich bewährte Alarmsignal nicht richtig funktionieren soll, wie von der Trinklobby[4] insinuiert[5], erscheint aus Evolutionssicht aber wenig plausibel.

Eine Missachtung des körpergesteuerten Trinkverlangens kann mitunter sogar Schaden anrichten. Wie die Erfahrungen im Ausdauersport zeigen, führt eine übermäßige Flüssigkeitszufuhr bei manchen Menschen zu einer kritischen Verdünnung des Elements Natrium im Blut. Im Extremfall mündet ein solcher Natriummangel, eine Hyponatriämie, in Wasseransammlungen in den Organen bis hin zu einer unter Umständen tödlichen – Hirnschwellung.

Die Häufigkeit von sportbedingten Hyponatriämien habe Ende des vergangenen Jahrhunderts auf einmal stark zugenommen, schreibt Timothy Noakes vom Institut für Sportwissenschaften der Universität in Cape Town / Südafrika im „British Journal of Sports Medicine“. Denn die tonangebenden sportmedizinischen Fachgesellschaften hätten damals empfohlen, bei der Ausübung von – schweißtreibenden – Sportarten viel zu trinken.

Wie neuere Untersuchungen zeigen, weisen mittlerweile bis zu 13 Prozent aller Marathonteilnehmer, darunter vorwiegend unerfahrene Läufer, Anzeichen einer Hyponatriämie auf. Der Verlust von Natrium über den Schweiß scheint dabei eine untergeordnete Rolle zu spielen. Maßgeblich verantwortlich für diese Störung ist vielmehr ein übermäßiger Flüssigkeitskonsum – ob mit oder ohne Zusatz von Elektrolyten[6]. Darauf verweisen der amerikanische Sportmediziner James Winger vom Medizinischen Zentrum der Universität in Maywood (Illinois) und zwei Kollegen im „British Journal of Sports Medicine“. Viele der einflussreichen sportmedizinischen Fachgesellschaften sind inzwischen bereits wieder zurückgerudert und haben ihre Trinkmengenempfehlungen gleichsam eingedampft. Einige Experten halten solche Vorgaben insgesamt für kontraproduktiv, zumal der Flüssigkeitsbedarf individuell unterschiedlich ist. So empfiehlt die *International Marathon Medical Directors Association* (IMMDA) sportlich aktiven Personen, die Flüssigkeitsaufnahme vornehmlich nach dem Durstgefühl zu richten. Mitunter könne es allerdings sinnvoll sein, mehr zu trinken, als der Körper fordert. Das sei etwa der Fall, wenn hohe Außentemperaturen herrschen und der Sportler nicht an Hitze gewöhnt ist.

Im Gegensatz hierzu propagiert das *American College of Sports Medicine* (ACSM), die weltweit größte sportmedizinische Fachgesellschaft, die Trinkmenge nach den Schweißverlusten und nicht nach dem Durstgefühl zu bemessen. Interessanterweise pflegen etliche Verfasser des betreffenden Positionspapiers enge Verbindungen mit der Getränkeindustrie, die den Flüssigkeitskonsum offenbar gern noch weiter ankurbeln würde. Ein solcher Verdacht entsteht jedenfalls, wenn man sich etwa die Website der „Hydration for Health Initiative“ des französischen Nahrungs- und Mineralwasserherstellers Danone ansieht. Unter der Überschrift „Wir trinken nicht genug Wasser“ wird hier suggeriert, dass viele Menschen ihre Gesundheit aufs Spiel setzen würden, weil sie zu wenig Wasser trinken.

Zwar entstehen tatsächlich immer mehr Studien, deren Autoren Hinweise darauf sehen, dass selbst eine geringe Dehydrierung[7] an der Entstehung verschiedener Krankheiten mitwirken kann. Doch es handelt sich bisher fast ausnahmslos um Studienergebnisse, die, wenn überhaupt, nur geringe Aussagekraft besitzen.

Quelle: Frankfurter Allgemeine Zeitung vom 23. 7. 2011: http://www.faz.net/aktuell/wissen/medizin/wasserkult-viel-trinken-muessen-eine-maer-11112293.html (7. 10. 2011)

1 Mär: *hier:* Irrglaube
2 orchestrieren: vortragen
3 Nephrologe: Arzt der Inneren Medizin, Teilgebiet Nierenkunde
4 Lobby: Interessengruppe
5 insinuieren: unterstellen
6 Elektrolyte: für den Körper notwendige Salze
7 Dehydrierung: Austrocknung

Teil I: Lesen

1. Kreuze die richtige Antwort an. Es ist jeweils nur eine Antwort richtig. 5 Pkt.

a) Wie lange kann man laut Text ohne Wasser überleben?

☐ 12 Stunden
☐ 1 Tag
☐ 2–3 Tage
☐ 2–3 Wochen

b) Was bedeutet Hyponatriämie wörtlich?

☐ Natriummangel
☐ Natriumüberversorgung
☐ Hirnschwellung
☐ Wasseransammlung

c) Welcher Gefahr unterliegen vorwiegend unerfahrene Läufer beim Marathonlauf?

☐ Sie fallen in Ohnmacht, wenn sie zu wenig trinken.
☐ Sie geben auf, weil sie Hunger mit Getränken bekämpfen.
☐ Sie haben Natriumüberschuss, weil sie Elektrolyt-Zusätze verwenden.
☐ Sie bekommen Hyponatriämie, weil sie zu viel trinken.

d) Wer hat ein finanzielles Interesse am hohen Wasserkonsum?

☐ die Ärzte
☐ die Wissenschaftler
☐ die Getränkeindustrie
☐ die Kranken

e) Welcher häufig geäußerten Behauptung möchte dieser Text entgegenwirken?

☐ Viel trinken hilft Gesunden und Kranken.
☐ Viel trinken hilft der Wissenschaft.
☐ Viel trinken schadet der Gesundheit.
☐ Viel trinken steigert die Konzentrationsfähigkeit.

2. Kreuze die richtige Antwort an. Es ist jeweils nur eine Antwort richtig. 3 Pkt.

a) Was ist mit dem Ausdruck „Hohelied“ gemeint (Z. 20)?

☐ ein Lied mit hohen Tönen
☐ eine Anpreisung
☐ ein wissenschaftlicher Anspruch
☐ ein musikalischer Anspruch

b) Wer ist mit dem Ausdruck „die um ihr Wohl besorgten Wasserträger“ gemeint (Z. 24)?

- ☐ Fahrer, die Getränke nach Hause liefern
- ☐ Menschen, die sich für gesundheitsbewusst halten
- ☐ Manager, die aus der Getränkeindustrie kommen
- ☐ Ärzte, die für mehr Wasserkonsum werben

c) Was bedeutet der Ausdruck „die Behauptung […] steht […] auf tönernen Füßen“ (Z. 58–62).

- ☐ Die Behauptung ist unsicher.
- ☐ Die Behauptung ist sicher.
- ☐ Die Behauptung hält ewig.
- ☐ Die Behauptung ist irreführend.

3. Im Text werden verschiedene Faktoren genannt, von denen es abhängt, wie viel Wasser ein Mensch benötigt. Nenne vier dieser Faktoren (Stichpunkte genügen). 4 Pkt.

____

____

4. a) Welche der folgenden Aussagen sind richtig? 2 Pkt.

Im Text steht, dass Regulationsmechanismen …

A Flüssigkeitsverlusten entgegenwirken.
B das Trinkverlangen unterdrücken.
C etablierte Trinkmengenempfehlungen sind.

Kreuze die richtige Antwort an.

- ☐ Alle Aussagen sind richtig.
- ☐ Nur A ist richtig.
- ☐ Nur A und B sind richtig.
- ☐ Nur B und C sind richtig.

b) Welche der folgenden Aussagen sind in Bezug auf Marathonteilnehmer richtig? 2 Pkt.

Im Text steht: Experten empfehlen …

A erhöhten Flüssigkeitskonsum zur Senkung der Körpertemperatur.
B in Ausnahmefällen mehr zu trinken, als das Durstgefühl erfordert.
C zur Krankheitsvorbeugung viel zu trinken.

Kreuze die richtige Antwort an.

- ☐ Alle Aussagen sind richtig.
- ☐ Nur A und B sind richtig.
- ☐ Nur B und C sind richtig.
- ☐ Nur B ist richtig.

5. Ordne jeder der folgenden Textstellen das passende Merkmal einer Reportage zu. Trage die passenden Buchstaben in die Tabelle ein. 6 Pkt.

Mögliche Merkmale:

A Autorenkommentar
B Fazit
C Zahlen, Daten, Fakten als Hintergrundwissen
D Expertenmeinung
E Teaser / Lead / ausformulierte Überschrift
F erlebnisorientierter Einstieg

Hinweis: Einige Merkmale können mehreren Textstellen zugeordnet werden, andere keinen.

Textstelle	**Merkmal**
Zeile 1–6	
Zeile 25–28	
Zeile 49–64	
Zeile 94–97	
Zeile 99–106	
Zeile 125–129	

6. Mit dem Ausdruck „Wasserkult" (Z. 3) ist eine Überhöhung der Bedeutung von Wasserkonsum gemeint. Nenne zwei Aspekte und belege sie am Text (Stichpunkte und Zeilenangaben genügen). 4 Pkt.

7. a) Im Text werden Trinkmengenempfehlungen unterschiedlicher Organisationen vorgestellt. Stelle die Empfehlungen von IMMDA und ACSM gegenüber (Stichpunkte genügen). 4 Pkt.

b) Für welche der beiden Empfehlungen hat die Autorin deiner Einschätzung nach mehr Sympathien? Belege deine Auffassung an einem Textbeispiel (Stichpunkte und Zitat genügen). 4 Pkt.

8. Die Autorin lässt ihre Meinung unterschwellig in den Text einfließen. Sie benutzt dazu verschiedene Mittel der Sprache. Nenne zwei dieser sprachlichen oder rhetorischen Mittel und erläutere deren Wirkung jeweils an einem Textbeispiel (Stichpunkte und Zitate genügen). 6 Pkt.

Teil II: Schreiben

II.A: Textproduktion (Wahlaufgabe)

Wähle **eine** der beiden folgenden Aufgaben aus und bearbeite sie.

a) Sollte das Trinken grundsätzlich in allen Unterrichtssituationen erlaubt sein?

Argumentiere dafür und dagegen.

Ziel deiner Argumentation soll sein, deine eigene Meinung zu begründen. Dabei sollst du deine Lehrerinnen und Lehrer so sehr von deiner Haltung überzeugen, dass sie bereit sind, eine entsprechende Regel in die Schulordnung aufzunehmen.

oder

b) *„Wenn man auf seinen Körper achtet, geht's auch dem Kopf besser."* (J. Sander)

Erzähle eine Geschichte über eine Person, die durch ein besonderes Ereignis dazu gebracht wird, besser auf sich und ihre Gesundheit zu achten.

Ziel deiner Erzählung soll sein, die Ausgangssituation der Person, das besondere Ereignis und die Veränderungen danach deutlich zu machen.

Dein Text (Argumentation oder Erzählung) wird wie folgt bewertet:

	Punkte
Aufbau / Inhalt (z. B. Einleitung, Hauptteil, Schluss /„roter Faden")	24
Sprachangemessenheit (Wortschatz, Satzbau, Ausdruck)	12
Sprachrichtigkeit (Rechtschreibung, Zeichensetzung, Grammatik)	4
Summe	**40**

II.B: Sprachliche Richtigkeit

1. Markiere und verbessere die zwölf Rechtschreib- und Zeichensetzungsfehler im Text. Schreibe die jeweils verbesserte Schreibweise unter die fehlerhafte Stelle. Eigennamen sind korrekt geschrieben. 6 Pkt.

Beispiel:

Nachdem die Wanderer an der Berghütte angekommen waren, ruhten sie sich
fehlendes Komma

aus und schauten sich den ~~sonnenuntergang~~ an.
Sonnenuntergang

In der letzten Zeit wird oft über Länder in Europa berichtet die große

Geldpropleme haben. Bei diesen Berichten geht es häufig um den

Euro-Rettungsschirm. Dass ist eine Art Verspechen, das sich alle Länder, in

denen mit dem Euro bezahlt wird, vor mehr als einem Jahr gegeben haben:

Wenn ein Euro-Land besonders große Schulden hat wollen die anderen

Euro-Länder mit Geld aushelfen. Mit diesem Hilfeversprechen schützen sich die

Euro-Länder gegenseitig – so wie ein Schirm vor Regen schützt.

Alle 17 Länder, in denen mit dem Euro bezahlt wird, mußten darüber

entscheiden ob der bisherige Euro-Rettungsschirm noch grösser werden soll,

also, ob hoch verschuldete Euro-Länder im Notfall noch mehr Geld bekommen

sollen.

Nach einigen Diskusionen und vielen Sitzungen haben nun alle Euro-Länder ihre

____

Zustimmung für den erweiterten Euro-Rettungsschirm gegeben. Jetzt steht also

____

noch mehr Geld für den Rettungsplan zur verfügung.

____

Die Euro-Länder haben zusammen eine Art Firma gegründet. Weil sich die Euro-

____

Länder gegenseitig das Hilfeversprechen gegeben haben, bekommt diese Firma

____

von Banken leichter Geld als ein Einzelnes Land, das auch noch viele schulden hat.

____

Quelle: ZDF, alte Textversion mit dem Stand vom 28. 10. 2011; www.tivi.zdf.de/Fernsehen/logo/artikel/37267/druckansicht/index.html

2. Groß- oder Kleinschreibung? 4 Pkt.
In vier der folgenden Sätze findet sich jeweils ein falsch geschriebenes Wort. Kreise die falsch geschriebenen Wörter ein.

Hinweis: Du darfst nicht mehr als vier Wörter einkreisen.

a) Der Chef möchte immer auf dem laufenden sein.

b) Sie hat am Besten von allen gespielt.

c) Heute Abend will er unbedingt ins Training.

d) Er lässt sich gerne feiern.

e) Aus angst passieren viele Fehler.

f) Mir wird Angst, wenn ich an die viele Arbeit denke.

g) Es tut mir leid, dass ich den Geburtstag vergessen habe.

h) Bei unserer Busreise hatten wir viel Interessantes gesehen.

3. Wähle die Begründung aus, warum hier ein Komma stehen muss. 5 Pkt.

Begründungen:

A Das Komma trennt erweiterte Infinitive.
B Das Komma trennt Hauptsätze.
C Das Komma trennt Haupt- von Nebensätzen.
D Das Komma trennt wörtliche Rede von Redebegleitsätzen.

Hinweis: Einige Begründungen können zu mehreren Sätzen passen, andere zu keinen.

Satz	Begründung
Weil die Frau in der Nähe des Sees vermisst wurde, startete die Polizei auch eine Suche mit dem Hubschrauber.	
Nachdem der Wetterdienst Sturm angekündigt hatte, musste die Feier abgesagt werden.	
Ich bin verwirrt, das habe ich so nicht voraussehen können.	
Um erfolgreich zu sein, ging er kein Risiko ein.	
Sie wird heute früher gehen, sie will nämlich noch Eis essen.	

4. Nenne die passende Strategie, die du zur korrekten Schreibung der markierten Stelle anwendest. 5 Pkt.

Strategien:

A Ich achte auf die Vor- oder Nachsilbe.
B Ich bilde die Mehrzahl des Wortes und beachte die Endung.
C Ich beachte den Wortursprung.
D Ich überprüfe die Wortart.
E Ich achte auf die Vokallänge.

Hinweis: Einige Strategien können zu mehreren Sätzen passen, andere zu keinen.

Satz	Strategie
Bei der Finsternis nutzte der Schein der Kerze auch nichts mehr.	
Die Mannschaft feierte ihren Sieg überschwänglich.	
Das Trainieren machte ihnen Spaß.	
Er transportierte die Geschenke in einer Kiste.	
Die Enttäuschung war ihm anzusehen.	

Heinrich Böll: Mitternacht ist vorüber

Er hatte es gar nicht schade gefunden, hatte sich darauf gefreut, allein zu sein; und nun verfluchte er sich, weil er wieder einmal inkonsequent gewesen war und den Aufzug benutzt hatte, um schneller ins Freie zu kommen; die aufdringliche Intimität solch erzwungener Tuchfühlung, wie sie in Straßenbahnen und Aufzügen unvermeidlich ist, war ihm verhaßt. Er sah sofort, daß der elektrische Strom nicht nur in diesem Aufzug, nicht nur in diesem Haus versagte, sondern in der ganzen Stadt; die Dunkelheit, die auf sie eindrang, war total.

„Schön", sagte er, „ich schlage vor, wir stellen zunächst einmal das Rauchen ein, vermeiden jede überflüssige Bewegung, Berührung und Erregung. Es gilt, Sauerstoff zu sparen, er wird kostbar werden."

„In ein paar Minuten wird es vorüber sein", sagte das junge Mädchen, „die haben einen motorisierten Kundendienst, der die Aufzüge schnell wieder flottmacht; in unserer Firma …"

„In diesem Augenblick bedürfen in dieser Stadt etwa vierhundert bis fünfhundert Aufzüge des Kundendienstes. Ich schlage als allgemeine Grundstimmung Pessimismus vor – bei Optimismus verbraucht man nachgewiesenermaßen mehr Sauerstoff."

Der junge Mann im Trenchcoat lachte, warf seine Zigarette auf den Boden, trat sie aus und sagte: „Wir sind dabei, einen Staat zu gründen; die ersten Gesetze sind schon erlassen, nur die Frage der Autorität wäre noch zu klären."

„Sie sind offenbar Jurist, wie?" fragte der ältere Herr.

„Nein, ich bin Taxifahrer, und wenn wir länger als eine halbe Stunde hier eingesperrt bleiben, ist mein bestes Geschäft hin. Silvester und dazu noch Panne im E-Werk, keine Straßenbahn fährt – und ich stehe hier, aber ich bin Pech gewohnt."

„Für Ihren Schaden wird die Versicherung aufkommen", sagte das junge Mädchen.

„Danke", sagte der junge Mann, „keine Versicherung wird für meinen Schaden aufkommen; es gibt ein schönes Wort und das heißt: höhere Gewalt."

„Dann muß das E-Werk Ihnen was zahlen."

„Unbedingt. Die warten schon auf mich – aber wenn jemand von Ihnen 'nen Schluck zu trinken hätte – wenn ich schon nicht rauchen darf."

„Trinken, sprechen", sagte der ältere Mann, „lauter Tätigkeiten, bei denen mehr Sauerstoff verbraucht wird, als notwendig ist. Zwei weitere Gesetze in unserem kleinen Staat wären fällig, doch ich möchte mir keine Autorität anmaßen, die nicht legal ist. Stimmen wir ab?"

„Ich bin auf jeden Fall gegen alle drei Gesetze", sagte das Mädchen, „wenn wir nicht rauchen, nicht trinken, nicht sprechen dürfen – was sollen wir dann tun, hier im Dunkeln?"

„Es gibt da noch eine Tätigkeit, etwa die, durch die sich der Mensch vom Tier unterscheidet."

„Tanzen?"

Die anderen lachten, und das Mädchen, schon mit Tränen in der Stimme, fragte: „Mein Gott, was meint er denn damit?"

„Denken, mein Kind, denken", sagte die junge Frau, die bisher geschwiegen hatte, dann sagten plötzlich alle vier „Ah" und blickten auf das winzige Fensterchen, in dem jetzt gelbes, flackerndes Licht stand; sie erkannten die genaue Position ihres schwebenden Käfigs: Mit den Köpfen schwebten sie über dem Boden des dritten, mit den Füßen unter der Decke des zweiten Stockwerks.

„Bitte", sagte die junge Frau, „würden Sie mir Ihren Schirm leihen?"

„Natürlich", sagte der Herr, nahm den Schirm aus der Ecke und drückte ihn ihr in die Hand.

„Und nun treten Sie bitte alle ein wenig zurück und drücken sich an die Seitenwände." Die drei taten, wie die Frau befohlen hatte, und diese nahm den Schirm in beide Hände, umfaßte ihn in der Mitte, hob ihn hoch und stieß die Scheibe des schokoladentafelgroßen Fensters ein; nur wenige Scheiben fielen ins Innere des Aufzugs, die meisten rutschten in den Spalt zwischen Aufzug und Mauer, und sie hörten sie unten klirrend aufschlagen; die Frau stieß mit der Schirmspitze die restlichen Scherben weg, die im Kitt steckengeblieben waren, stellte den Schirm weg und sagte: „Ich komme natürlich für den Schaden auf – ich meine den Schaden am Schirm; die Spitze hat ein paar Kratzer abbekommen."

„Ich verzichte auf Schadenersatz", sagte der ältere Herr, der wieder in seine Ecke zurückgetreten war, „Sie haben uns das Leben gerettet, spüren Sie nichts?"

Alle atmeten tief. „Sauerstoff", sagte das junge Mädchen, „dieses Problem scheint gelöst zu sein."

„Ja", sagte der Herr mit dem Regenschirm, „und wenn es in unserem kleinen Staat schon Orden gäbe, würde ich Ihnen, liebe Frau, den ersten überreichen; ganz aus Gold mit rotem Band und Brillanten. Tatkraft, Kühnheit und ein scharfes Erkennen der situationsbedingten Möglichkeit, etwas zu tun. Das nennt man gemeinhin Heldentum."

„Machen Sie es nicht zu feierlich", sagte die junge Frau, „wenn mir jemand eine Zigarette geben könnte."

Der Taxifahrer hatte seine Schachtel schon griffbereit, bot ihr eine an, nahm selbst eine, hielt die Schachtel in die Runde, aber der pessimistische Herr und das Mädchen lehnten dankend ab.

Die junge Frau rauchte in tiefen Zügen. „Wenn das Heldentum war, dann war mein Motiv eindeutig: Verzweiflung. Meine zwei Kinder sind nämlich oben allein in der Wohnung, ich wollte ja nur rasch hinunterfahren und mir in der Drogerie eine Flasche Rotwein holen. Und weil meine Grundstimmung Pessimismus ist" – sie verneigte sich leicht zu dem älteren Herrn hin, der ihre Verneigung erwiderte –, „und ich an eine längere Gefangenschaft glaube, mußte ich einfach irgend etwas tun, um mit denen da draußen in Verbindung zu kommen."

„Eins ist jedenfalls sicher", sagte das junge Mädchen eine Stunde später, „die Menschen sind höflich." Sie deutete nach draußen, wo neugierige Hausbewohner, die die Lage der Eingesperrten interessant fanden, mit gefüllten Sektgläsern standen und „Prost" riefen, „Prost Neujahr".

„Sie vergessen", sagte der ältere Herr, „daß Höflichkeit auch eine Erscheinungsform der Verachtung sein kann." Er hob sein Sektglas. „Trinken wir auf unsere Heldin."

„Schade", sagte das junge Mädchen, „zum Tanzen ist es wirklich zu eng hier. Ich trinke auf Ihren Pessimismus."

„Danke", sagte der Herr, „obwohl es gegen meine innere Überzeugung ist, rate ich Ihnen jetzt zum Optimismus" – er deutete nach draußen. „In den östlichen Stadtteilen brennt das Licht schon wieder. Es kann also nicht mehr lange dauern."

„Für mich ist es auf jeden Fall zu spät", sagte der Taxifahrer. „Mitternacht ist vorüber, und die Strompanne auch."

„Vielleicht können Sie ja morgen früh noch Ihr Geschäft machen."

„Morgen früh haben die Leute kein Geld mehr."

Der Herr mit dem Regenschirm hob sein Glas und lächelte; er war froh, daß die Gefangenschaft bald vorüber sein und er seinen Spaziergang würde machen können, allein.

Quelle: Heinrich Böll: Werke. Kölner Ausgabe, Band 10: 1956–1959. Hrsg. von Viktor Böll. Kiepenheuer & Witsch, Köln 2005.
Die Rechtschreibung folgt der Textvorlage.

Teil I: Lesen

1. Kreuze die richtige Aussage an. Es ist jeweils nur eine Aussage richtig. 6 Pkt.

a) Die Geschichte ereignet sich

- ☐ in der Mittagspause.
- ☐ nach Feierabend.
- ☐ an Weihnachten.
- ☐ zu Silvester.

b) Das Mädchen vermutet zunächst, der Stromausfall dauere ein paar

- ☐ Sekunden.
- ☐ Minuten.
- ☐ Stunden.
- ☐ Tage.

c) Der Fahrstuhl befindet sich

- ☐ auf dem Boden des dritten Stockwerkes.
- ☐ unter der Decke des zweiten Stockwerkes.
- ☐ unter dem Boden des zweiten Stockwerkes.
- ☐ zwischen zweitem und drittem Stockwerk.

d) Die Eingeschlossenen werden dadurch gerettet, dass

- ☐ der Taxifahrer die Feuerwehr alarmiert.
- ☐ die junge Frau eine Scheibe einschlägt.
- ☐ das Mädchen die Tür aufstemmt.
- ☐ die Gäste im Treppenhaus Hilfe leisten.

e) Die junge Frau benennt als Motiv für ihr „Heldentum“

- ☐ Verzweiflung.
- ☐ Pessimismus.
- ☐ Optimismus.
- ☐ Sauerstoffmangel.

f) Im Text steht, dass die junge Frau

- ☐ gegen die Gesetze im Aufzug ist.
- ☐ eine Flasche Schnaps in der Drogerie holen will.
- ☐ ihre zwei Kinder allein in der Wohnung gelassen hat.
- ☐ keine politische Meinung hat.

2. a) Welche der folgenden Aussagen über das junge Mädchen treffen zu? 2 Pkt.
   Das junge Mädchen …
   A lehnt die Zigaretten ab.
   B arbeitet in dieser Nacht.
   C lehnt die drei Gesetze ab.
   D ist eher pessimistisch.

   Kreuze die richtige Antwort an.

   ☐ Nur A und B stehen im Text.
   ☐ Nur A und C stehen im Text.
   ☐ Nur B und C stehen im Text.
   ☐ Nur C und D stehen im Text.

   b) Welche Merkmale für Heldentum werden im Text genannt? 2 Pkt.
   A Tatkraft und Kühnheit.
   B Kühnheit und Entschlossenheit.
   C Optimismus und innere Überzeugung.
   D scharfes Erkennen situationsbedingter Möglichkeiten.

   Kreuze die richtige Antwort an.

   ☐ Nur A und B stehen im Text.
   ☐ Nur A und C stehen im Text.
   ☐ Nur A und D stehen im Text.
   ☐ Nur B und C stehen im Text.

3. Nenne drei im Text erwähnte Tätigkeiten, die den Sauerstoffverbrauch im Fahrstuhl erhöhen (Stichpunkte genügen). 3 Pkt.

   ____
   ____
   ____

4. Nenne und belege drei Merkmale einer Kurzgeschichte, die in diesem Text zu finden sind (Stichpunkte genügen). 3 Pkt.

   ____
   ____
   ____
   ____
   ____

5. Ordne den Zitaten die passenden sprachlichen Mittel zu. 4 Pkt.

Sprachliche Mittel:
Antithese, Inversion, Ironie, Oxymoron, Personifikation, Vergleich

Hinweis: Einige sprachliche Mittel können zu mehreren Textstellen passen, andere zu keinen.

Zitat	**Sprachliches Mittel**
„Ich schlage als allgemeine Grundstimmung Pessimismus vor – bei Optimismus verbraucht man …“ (Z. 23 ff.)	
„Dann muß das E-Werk Ihnen was zahlen.“ (Z. 45)	
„Die warten schon auf mich …“ (Z. 46)	
„ …er seinen Spaziergang würde machen können, allein.“ (Z. 150 f.)	

6. Die Personen im Fahrstuhl reagieren unterschiedlich auf die Situation. Stelle die unterschiedlichen Einstellungen stichpunktartig dar und zitiere zu jeder Person eine Textstelle, in der ihre Reaktion deutlich wird. 4 Pkt.

Person	**Reaktion**
alter Mann	
junger Mann	
junge Frau	
Mädchen	

7. „Anfang und Ende der Geschichte weisen in Bezug auf den alten Mann Parallelen auf."
Erkläre diese Behauptung mit Hilfe von zwei Textbeispielen. 4 Pkt.

8. Erläutere anhand von zwei Beispielen aus dem Text, dass die eingeschlossenen Personen sich ähnlich wie in einem Staat organisieren. 6 Pkt.

9. Die Figuren, die Böll im Fahrstuhl aufeinandertreffen lässt, zeigen eine ironische Haltung zu Staat, Autoritäten und gesellschaftlichen Regeln.
Erläutere diese Haltung anhand von zwei Textbeispielen. 6 Pkt.

Teil II: Schreiben

II.A: Textproduktion (Wahlaufgabe)

Wähle **eine** der beiden folgenden Aufgaben aus und bearbeite sie.

a) Erzähle die Geschichte aus Sicht der jungen Frau.

Die Erzählung soll den Stimmungswechsel der Personen im Fahrstuhl darstellen. Das Ende der Erzählung muss nicht mit der Vorlage übereinstimmen.

oder

b) Argumentiere, inwieweit es nötig ist, auch in kleinen Gruppen Regeln einzuhalten.

Ziel der Argumentation soll es sein, deine eigene Sichtweise zu begründen und deine Leserinnen und Leser zu überzeugen.

Dein Text (Erzählung oder Argumentation) wird wie folgt bewertet:

	Punkte
Aufbau/Inhalt (z. B. Überschrift, Einleitung, Hauptteil, Schluss/„roter Faden“)	24
Sprachangemessenheit (Wortschatz, Satzbau, Ausdruck)	12
Sprachrichtigkeit (Rechtschreibung, Zeichensetzung, Grammatik)	4
Summe	**40**

Uli Hauser: Energie fürs Leben

[...] Als die Kugeln ins Wasser schlagen, fühlt Andreas Kieling diese Kraft. Er ist 16, ein Junge noch, er krault weiter, mit blutigen Händen, aufgerissen am Grenzzaun. Das, womit er rechnen musste, ist eingetreten. Sie schießen auf ihn. Salven aus Maschinengewehren peitschen durch die Nacht. Plötzlich ein dumpfer Schlag. In seinen Rücken schlägt eine Kugel ein. Andreas muss schräg gegen die Strömung schwimmen, um ans andere Ufer zu gelangen. Er kann nur noch die Arme bewegen, seine Beine sind wie gelähmt. Die Verfolger nahen in einem Schnellboot. Scheinwerfer suchen den Fluss ab. Kieling bleibt ruhig. Er spürt keine Panik, schwimmt jetzt nur noch mit den Armen. Um drei Uhr morgens schleppt er sich am österreichischen Ufer der Donau aus dem Wasser.

Der Mann, der das erzählt, ist heute 52, einer der bekanntesten deutschen Tierfilmer, ein Abenteurer. Wer ihm begegnet, erlebt einen souveränen Mann. Einen, der leise spricht, freundlicher Blick, warme Stimme. Der etwas Wunderbares ausstrahlt – da muss er nicht laut reden und nicht auffallend aussehen: tiefe Ruhe. Innere Kraft. Wenn er an seine Flucht damals zurückdenkt, von Gotha in Thüringen über Tschechien und Österreich, sagt er über sich selbst: Ohne dieses Selbstvertrauen, das einfach in ihm ist, hätte er das nicht überlebt. Nicht die Flucht mit dem Projektil im Rücken. Und auch nicht die vielen Situationen, die in seinem Leben folgten, in Alaska und in der Serengeti, wo er den Löwen und Bären für seine Aufnahmen so nah auf den Leib rückte, dass sie sich angegriffen fühlten. Er war oft in Lebensgefahr. Ihm passierte nie etwas. „Tiere spüren genau, wer wirklich stark ist", sagt Kieling. [...]

Wie bekommt man sie nur, diese Stärke? Und wie kann man sie, wenn man sie spürt, halten? Resilienzforscher suchen seit Jahrzehnten nach den Faktoren, die den einen Menschen ohne bleibenden Schaden aushalten lassen, was andere schwächt und zerstört. Sie versuchen zu enträtseln, warum manche Menschen schwierige Umstände als Herausforderung nehmen, an denen sie wachsen können, während andere bei Druck und Rückschlag in sich zusammensinken und kapitulieren. Es geht dabei nicht nur um Extremsituationen, wie Andreas Kieling sie erlebt hat. Wie widerstandsfähig jemand ist, zu welcher Beharrlichkeit in der Lage, zeigt sich auch in schlichteren Situationen. Im Alltag, in der Familie, unter Kollegen. Der Chef schimpft, die Freundin droht mit Auszug, der Berg an Arbeit will und will nicht schrumpfen. Der eine zweifelt da an sich, grübelt über die Ungerechtigkeit des Lebens, leidet, weil er sich wie in einer Falle fühlt. Der andere sucht Gespräche, forscht nach Lösungen, ist, bei allem Ärger, begleitet von der inneren Sicherheit, dass er schon wieder alles ins Lot bekommen wird.

Kinder und Erwachsene, die in Studien als besonders widerstandsfähig abschnitten, wurden als gutgelaunte, intelligente und herzliche Menschen beschrieben, die sich schnell neuen Bedingungen anpassen können und in der Lage sind, wenn sie irgendwo scheitern, schnell wieder aufzustehen und nach einem neuen, besseren Weg Ausschau zu halten. Drei Erfahrungen aus der Vergangenheit verbanden sie: Sie hatten eine stabile emotionale Beziehung zu mindestens einem Erwachsenen und mindestens ein Vorbild, von dem sie lernen konnten, wie man Probleme konstruktiv löst. Und sie hatten ziemlich früh erlebt, dass sie mit ihrer eigenen Leistung etwas bewirken und Anerkennung erlangen können. Egal, ob es darum ging, auf Geschwister aufzupassen oder im Fußballverein immer mal wieder ein Tor zu schießen.

Andreas Kieling streunte schon als Kind durch die Gegend, angetrieben von Neugier, von der Lust, neue Situationen zu bewältigen. Mit zehn Jahren fuhr er mit dem Fahrrad los, 50 Kilometer von zu Hause entfernt, um Hirschkäfer zu beobachten. Er übernachtete auf solchen Touren sogar im Wald, allein. Seine Mutter, eine Landvermesserin, die selbst viel unterwegs war, sagte nur, er solle aufpassen. Sie hatte auch nichts dagegen, dass ihr Junge tagelang auf einer Insel in der Saale Robinson Crusoe mimte. Ein bisschen verantwortungslos, könnte man sagen, nicht unbedingt ein Patentrezept, um Kinder stark zu machen. Aber sie handelte richtig. Denn mit jeder Erfahrung wuchs Andreas' Gewissheit, dass er auf sich selbst vertrauen konnte. „Was wir am nötigsten brauchen", schreibt der amerikanische Poet Ralph Waldo Emerson, „ist ein Mensch, der uns zwingt, das zu tun, was wir können." Oder eben jemanden, der uns unseren Weg in Ruhe finden lässt. [...]

Oft legt sich die Angst der Eltern vor jeder kleinen Gefahr und jedem Kratzer über den eigenen Wunsch, das Leben mutig zu erkunden. Und: Wer früh die Erfahrung macht, dass er mit seinen Ideen nicht durchkommt, dass seine Anlagen keinen Anklang finden, wer sich vielleicht sogar Gewalt oder Verachtung einhandelt, wenn er widerspricht oder eigensinnig experimentiert, der traut sich eines Tages nicht mehr viel zu. Der amerikanische Psychologe Martin Seligman spricht von „erlernter Hilflosigkeit“. Das bedeutet: Wer sich einmal oder immer wieder als hilflos erlebt, als unfähig, aus eigener Kraft heraus sein Leben zu steuern und etwas zu bewirken, dem prägt sich Hilflosigkeit als angemessene Reaktion auf bedrohliche Situationen ein.

Menschen in jedem Alter haben die Möglichkeit, ihre innere Stärke neu aufzubauen. Immer geht es dabei darum, zuerst mit sich selbst in Kontakt zu kommen. Erst mal herauszufinden, wer man selbst in all dem Trubel um einen herum ist – und Respekt vor sich selbst zu gewinnen. Der Hirnforscher Gerald Hüther empfiehlt als Einstiegsübung, einmal genau darauf zu achten, ob man das sagt, was man wirklich denkt. Das kann für manchen, der sich nicht so ganz im Klaren darüber ist, was er wirklich denkt, weil er stets darauf achtet, was andere denken könnten, bereits eine gewaltige Herausforderung sein. Der Münchner Verhaltenstherapeut Jens Corssen rät, mit sich und auch mit anderen gnädiger umzugehen: „Hören Sie auf, jede einzelne Situation zu bewerten. Das macht müde.“ Denn jeder Gedanke habe eine körperliche Reaktion zur Folge, innerhalb von Sekunden. „Gedanken erzeugen Gefühle und Verhaltensweisen. Denken wir an etwas Schlechtes, reagieren die Stresshormone. Wir fühlen uns schwach. Denken wir an Schönes, fühlen wir uns stark und gut.“

Das ist leicht gesagt. Und schwer zu schaffen. Wie wir reden, was wir denken, wie wir unentwegt uns und andere beurteilen: Dieses Programm läuft ohne Pause, ob wir wollen oder nicht. Sich dessen bewusst zu werden, das ist die Kunst. Wer stark werden will, muss diszipliniert sein. Sich genau beobachten, sich immer wieder dazu aufrufen, nicht zu urteilen. Immer wieder prüfen, ob das, was er ausspricht, auf Bestätigung von außen abzielt oder aber wirklich das ist, was er denkt.

Disziplin im Verhalten ist das eine. Forschen an sich selbst das andere. Warum lasse ich mich so sehr hetzen? Warum passe ich mich den Vorstellungen anderer an? Warum gelingt es mir nicht, Entscheidungen zu fällen, die mir wirklich entsprechen?

Es gibt viele Wege, sich besser kennenzulernen und mit sich in Einklang zu kommen – und es lohnt sich, genau hinzugucken, welchen man gehen möchte: Meditation, Yoga, Psychodrama, Gestalttherapie.[1]

Die östlichen Lehrer vermitteln Erkenntnis über die körperliche Wahrnehmung, die westlichen über den Kopf. Nervenärzte entwickelten autogenes Training, die Entdeckungen der Hirnforscher führten zu neuen Techniken wie der Neuroimagination: sich vorzustellen, was sein sollte, um die eigenen Ziele zu erkennen und dann Schritt für Schritt zu erreichen.

Andreas Kieling geht in den Wald, wenn er seine Kraft spüren will. „Dort bin ich meinen Sinnen am nächsten“, sagt er. Er stellt sich unter einen Baum, genießt die frische Luft und beobachtet, was da läuft und kreucht. Manchmal erwischt er sich beim Selbstgespräch. Mehr braucht er nicht, um zur Ruhe zu kommen. […]

Quelle: Hauser, Uli: Energie fürs Leben. In: Stern 12/2012, S. 61–67.

1 Psychodrama, Gestalttherapie: verschiedene Heilmethoden der Psychotherapie

Teil I: Lesen

1. Kreuze die richtige Aussage an. Es ist jeweils nur eine Antwort richtig. 6 Pkt.

   a) Andreas Kieling arbeitet als
   - ☐ Verhaltenstherapeut.
   - ☐ Tierfilmer.
   - ☐ Nervenarzt.
   - ☐ Resilienzforscher.

   b) Andreas Kieling stammt aus
   - ☐ Tschechien.
   - ☐ Österreich.
   - ☐ Thüringen.
   - ☐ Alaska.

   c) Im Text steht, dass Resilienzforscher Faktoren suchen, mit denen man
   - ☐ ohne bleibenden Schaden schwierige Situationen meistert.
   - ☐ besonders schwierige Situationen verursacht.
   - ☐ besonders schwierige Situationen meistens erkennt.
   - ☐ ohne bleibenden Schaden Herausforderungen ablehnt.

   d) Andreas Kielings Mutter arbeitete als
   - ☐ Psychologin.
   - ☐ Landvermesserin.
   - ☐ Verhaltenstherapeutin.
   - ☐ Hirnforscherin.

   e) Um sich vor Stress zu schützen, empfiehlt der Münchner Verhaltenstherapeut
   - ☐ die eigenen Gefühle zu ignorieren.
   - ☐ mit Yoga nach der Arbeit abzuschalten.
   - ☐ sich mit Werturteilen zurückzuhalten.
   - ☐ die körperliche Wahrnehmung zu verstärken.

   f) Im Text steht, dass östliche Lehrer Erkenntnisse vermitteln über
   - ☐ die Abläufe im Kopf.
   - ☐ die Verarbeitung des Gehirnes.
   - ☐ die Funktion der Nerven.
   - ☐ die körperliche Wahrnehmung.

2. Kreuze die richtige Antwort an. Es ist jeweils nur eine Aussage richtig. 3 Pkt.

a) Der Ausdruck „ins Lot bekommen“ (Z. 57 f.) bedeutet im Text, dass

- ☐ alles gerade wird.
- ☐ alles gut wird.
- ☐ alles senkrecht wird.
- ☐ alles scheitern wird.

b) Der Ausdruck „streunte schon als Kind durch die Gegend“ (Z. 76 f.) bedeutet im Text, dass Andreas Kieling

- ☐ sich als Kind in der Gegend herumtrieb.
- ☐ diese Gegend schon als Kind liebte.
- ☐ sich in dieser Gegend als Kind verlief.
- ☐ früh aus dieser Gegend auswanderte.

c) Der Ausdruck „auf einer Insel in der Saale Robinson Crusoe mimte“ (Z. 85 f.) bedeutet, dass Andreas Kieling

- ☐ jemanden treffen wollte.
- ☐ sich wie ein Schauspieler benahm.
- ☐ wie ein Schauspieler aussehen wollte.
- ☐ auf der Insel allein überleben wollte.

3. Ordne jeder der folgenden Textstellen das passende Merkmal einer Reportage zu. Trage die passenden Buchstaben in die Tabelle ein. 5 Pkt.

Mögliche Merkmale:

A Autorenkommentar
B Fazit
C Zahlen, Daten, Fakten, Erläuterungen als Hintergrundwissen
D Expertenmeinung
E Vorspann/Teaser/Lead
F erlebnisorientierter Einstieg

Hinweis: Einige Merkmale können mehreren Textstellen zugeordnet werden, andere keinen.

Textstelle	**Merkmal**
Zeile 1–8	
Zeile 117–120	
Zeile 126–127	
Zeile 134	
Zeile 157–162	

4. Ordne den Zitaten die passenden sprachlichen Mittel zu. 5 Pkt.

Sprachliche Mittel:
Antithese, Ellipse, Inversion, Metapher, Oxymoron, Vergleich

Hinweis: Einige sprachliche Mittel können mehreren Textstellen zugeordnet werden, andere zu keinen.

Zitat	**Sprachliches Mittel**
„Plötzlich ein dumpfer Schlag." (Z. 7)	
„…, seine Beine sind wie gelähmt." (Z. 11)	
„…, in Alaska und in der Serengeti, …" (Z. 30)	
„…, der Berg an Arbeit …" (Z. 51)	
„Drei Erfahrungen aus der Vergangenheit verbanden sie …" (Z. 66 f.)	

5. Zitiere die drei Beispiele aus dem Text, die zeigen, wie Personen mit geringer Widerstandsfähigkeit auf schwierige Alltagssituationen reagieren. 3 Pkt.

6. Nenne fünf Ursachen aus dem Text, die erschweren, dass Menschen ihre innere Stärke wiederfinden (Stichpunkte genügen). 5 Pkt.

7. a) Zitiere einen Satz, der Zustimmung zum Erziehungsstil der Mutter signalisiert, und einen weiteren Satz, der Kritik ausdrückt. 4 Pkt.

b) „Der Autor befürwortet den Erziehungsstil von Andreas Kielings Mutter." Erläutere diese Behauptung anhand einer Textstelle. 3 Pkt.

8. „Der Autor hat keine neutrale Haltung zu Andreas Kieling." Erkläre anhand von drei Textstellen, woran man dies erkennen kann. 6 Pkt.

Teil II: Schreiben

II.A: Textproduktion (Wahlaufgabe)

Wähle **eine** der beiden folgenden Aufgaben aus und bearbeite sie.

a) Argumentiere, inwiefern durch schulischen Erfolg bzw. Misserfolg innere Stärke aufgebaut oder zerstört werden kann.

Ziel der Argumentation soll sein, anhand von Beispielen den möglichen Zusammenhang zwischen Erfolgs- bzw. Misserfolgserlebnissen und der Persönlichkeitsentwicklung darzustellen.

oder

b) Erzähle eine Geschichte, in der eine Person „Energie fürs Leben“ tankt.

Die Erzählung soll eine große Herausforderung, deren Bewältigung und die daraus resultierende Veränderung der Person darstellen.

Dein Text (Argumentation oder Erzählung) wird wie folgt bewertet:

	Punkte
Aufbau/Inhalt (z. B. Überschrift, Einleitung, Hauptteil, Schluss/„roter Faden“)	24
Sprachangemessenheit (Wortschatz, Satzbau, Ausdruck)	12
Sprachrichtigkeit (Rechtschreibung, Zeichensetzung, Grammatik)	4
Summe	**40**

II.B: Sprachliche Richtigkeit

1. Markiere und verbessere die zwölf Rechtschreib- und Zeichensetzungsfehler im Text. Du darfst nicht mehr als zwölf Fehler markieren. Schreibe die jeweils verbesserte Schreibweise unter die fehlerhafte Stelle. Der Text enthält keine Fehler zur Getrennt- und Zusammenschreibung. Eigennamen sind korrekt geschrieben. 6 Pkt.

Beispiel:

Nachdem die Wanderer an der Berghütte angekommen waren, ruhten sie sich
fehlendes Komma

aus und schauten sich den ~~sonnenuntergang~~ an.
Sonnenuntergang

Gleichstellung und Formulare

Am Anfang stand ein Brief an das französische Bildungsministerium. Darein

protestierten im letzten Jahr weibliche Universitätslehrkräfte gegen die

Veröffentlichung von Privaten Daten. Besonders ergerlich war in ihren Augen

die Auflisstung ihres Mädchen- und Ehenamens und die Abfrage ob die

Bewerberin auf eine Stelle verheiratet oder ledig ist. Zehn Tage nach dem

Brief begannen zwei femministische Vereine eine Medienaktion mit dem Ziel,

die Option „Fräulein“ von Verwaltungsformularen zu verbahnen.

Der französischen Ministerin für Solidarität war es zu verdanken dass diese

Forderung erhört wurde. Sie verlangte die Streichung der Angaben bei denen die

Bewerberinnen zwischen „Frau“ und „Fräulein“ Wählen musten. Männer sind von dieser Unterscheidung ausgenommen! Man stellt sie nicht vor die Wahl,

___

„Herr" oder „Herrchen" anzukreuzen. So trat das entsprechende Gesetz zur

___

Abschaffung des Kestchens am 21. Februar 2012 in Kraft.

___

Quelle: nach Romy Straßenburg, Diane La Phung, http://www.fluter.de/de/110/thema/10283/ (08. 01. 2013)

2. Groß- oder Kleinschreibung? 4 Pkt.
   In vier der folgenden Sätze findet sich jeweils ein falsch geschriebenes Wort.
   Kreise die falsch geschriebenen Wörter ein.

   Hinweis: Du darfst nicht mehr als vier Wörter einkreisen.

   a) Vom Ersten Tag an lief alles gut – so könnte es ruhig weitergehen.
   b) Neulich lief es für die ganze Mannschaft nicht so gut, obwohl sie sich vorbereitet hatte.
   c) Die Klassenfahrt konnte man wegen des schlechten Wetters echt vergessen.
   d) „Ich", sagte der Kanzlerkandidat, „Habe keine Lust mehr".
   e) Am morgen fühlte sie sich schlapp.
   f) Sie konnte sich vorgestern nicht mehr erinnern, was sie tags zuvor gemacht hatte.
   g) Zum Geburtstag hatte er viele Blumen bekommen, mit denen er nichts anfangen konnte.
   h) Er würde zum letzten Mal Kommen müssen.

3. Wähle die Begründung aus, warum hier ein Komma stehen muss. 5 Pkt.

   Begründungen:

   A Das Komma trennt erweiterte Infinitive.
   B Das Komma trennt Hauptsätze.
   C Das Komma trennt Haupt- von Nebensätzen.
   D Das Komma trennt wörtliche Rede von Redebegleitsätzen.

   Hinweis: Einige Begründungen können zu mehreren Sätzen passen, andere zu keinen.

Satz	Begründung
Die Prüfung war schwer, doch er war sich sicher, dass er bestanden hatte.	
Sie setzte sich im Bus auf einen anderen Platz, um ihn besser sehen zu können.	
Erst werde ich eine Freundin besuchen, anschließend gehe ich ins Kino.	
Nachdem er gegangen war, bemerkte er, dass er den Regenschirm vergessen hatte.	
Sie fragte: „Ist es wahrscheinlich, dass es heute regnet?“	

4. Nenne die passende Strategie, die zur korrekten Schreibung der markierten Stelle angewendet werden kann. 5 Pkt.

Strategien:

A Ich achte auf die Vor- oder Nachsilbe.
B Ich bilde die Mehrzahl des Wortes und beachte die Endung.
C Ich beachte den Wortursprung.
D Ich überprüfe die Wortart.
E Ich achte auf die Vokallänge.

Hinweis: Einige Strategien können zu mehreren Sätzen passen, andere zu keinen.

Satz	Strategie
Das parkende Auto war ein Hinder<u>nis</u> für den übrigen Verkehr.	
Das Kleinkind war un<u>säg</u>lich enttäuscht.	
Ich gehe über die Stra<u>ß</u>e.	
Die <u>Ent</u>scheidung war bereits getroffen.	
Das Endspiel wird am Aben<u>d</u> ausgetragen.	

Heinrich Heine (1797–1856)
Ich wollte bei dir weilen

Ich wollte bei dir weilen
Und an deiner Seite ruhn;
Du mußtest von mir eilen;
Du hattest viel zu tun.

Ich sagte, daß meine Seele
Dir gänzlich ergeben sei;
Du lachtest aus voller Kehle,
Und machtest 'nen Knicks dabei.

Du hast noch mehr gesteigert
Mir meinen Liebesverdruß,
Und hast mir sogar verweigert
Am Ende den Abschiedskuß.

Glaub nicht, daß ich mich erschieße,
Wie schlimm auch die Sachen stehn!
Das alles, meine Süße,
Ist mir schon einmal geschehn.

Quelle: Heine, Heinrich: Ich wollte bei dir weilen.
In: Heine, Heinrich: Buch der Lieder. Lyrisches Intermezzo.
Neu-Isenburg 2006. S. 276 f.
Die Rechtschreibung folgt der Textvorlage.

Teil I: Lesen

1. Kreuze die richtige Aussage an. Es ist jeweils nur eine Aussage richtig. 6 Pkt.

a) Das Gedicht besteht aus
- ☐ vier Versen.
- ☐ vier Strophen.
- ☐ vier Refrains.
- ☐ vier Jamben.

b) Das Gedicht besteht aus
- ☐ Paarreimen.
- ☐ Kreuzreimen.
- ☐ Schweifreimen.
- ☐ umarmenden Reimen.

c) In der ersten Strophe wird sichtbar, dass
- ☐ ein Mann von der Arbeit sehr müde ist.
- ☐ eine Frau Angst hat, sich zu verspäten.
- ☐ beide Personen zu viel arbeiten müssen.
- ☐ sich die Frau keine Zeit für den Mann nimmt.

d) In der zweiten Strophe geht es darum, dass
- ☐ eine Liebesbekundung nicht erwidert wird.
- ☐ ein Mann über sein gesamtes Seelenleben redet.
- ☐ eine Frau gegenüber ihrem Mann sehr höflich ist.
- ☐ eine Frau sich über ihren Mann freut.

e) In der dritten Strophe wird sichtbar, dass der Mann Ablehnung erfährt,
- ☐ weil die Frau sagt, dass sie liebesverdrossen sei.
- ☐ weil die Frau den Mann nicht küssen möchte.
- ☐ weil die Frau sagt, dass sie den Mann nicht wiedersehen möchte.
- ☐ weil der Mann die Frau nicht wiedersehen möchte.

f) In der letzten Strophe wird sichtbar, dass
- ☐ der Mann sich jetzt umbringen möchte.
- ☐ die Frau schlimme Dinge zum Mann sagt.
- ☐ der Mann diese Situation schon einmal erlebt hat.
- ☐ der Mann die Frau noch nie geliebt hat.

2. Kreuze die richtige Aussage an. Es ist jeweils nur eine Aussage richtig. 4 Pkt.

a) „weilen“ (Z. 1) bedeutet hier:

- ☐ mit jemandem zusammenleben
- ☐ warten, bis etwas passiert
- ☐ in der Nähe von jemandem sein
- ☐ eine Zeit lang etwas tun

b) „ruhn“ (Z. 2) bedeutet hier:

- ☐ alleine gelassen werden
- ☐ ohne Störung arbeiten
- ☐ sich leise verhalten
- ☐ sich entspannen

c) „gänzlich“ (Z. 6) bedeutet hier:

- ☐ heil
- ☐ vollkommen
- ☐ kaum
- ☐ traurig

d) „Liebesverdruß“ (Z. 10) bedeutet hier:

- ☐ Überfluss an Liebe
- ☐ Ärger in Liebesdingen
- ☐ Heiratsantrag
- ☐ große Eifersucht

3. a) Welche der folgenden Aussagen sind richtig? 2 Pkt.

A In jeder Strophe gibt es vier Hebungen.
B In jedem Vers gibt es drei betonte Silben.
C Die Vers-Enden sind wechselnd weiblich/männlich.
D Die Vers-Enden sind durchgehend betont.

Kreuze die richtige Antwort an.

- ☐ Nur A und B sind richtig.
- ☐ Nur C und D sind richtig.
- ☐ Nur B und C sind richtig.
- ☐ Nur B und D sind richtig.

b) Welche der folgenden Aussagen sind richtig? 2 Pkt.

A Es gibt in jeder Strophe ein Enjambement.
B Das Versmaß ist durchgehend jambisch.
C Es gibt zwei verschiedene lyrische Ichs.
D Das Gedicht hat keinen Kehrreim.

Kreuze die richtige Antwort an.

- ☐ Nur A und D sind richtig.
- ☐ Nur B und D sind richtig.
- ☐ Nur A und C sind richtig.
- ☐ Nur B und C sind richtig.

4. Ordne den Zitaten die passenden sprachlichen Mittel zu. 4 Pkt.

Sprachliche Mittel:
Alliteration, Anapher, Antithese, Ironie, Personifikation, Pleonasmus

Hinweis: Einige sprachliche Mittel können zu mehreren Textstellen passen, andere zu keiner.

Zitat	**Sprachliches Mittel**
„… an deiner Seite ruhn; / Du mußtest von mir eilen;“ (Z. 2 f.)	
„Du mußtest von mir eilen; / Du hattest viel zu tun.“ (Z. 3 f.)	
„…, daß meine Seele / Dir gänzlich ergeben sei;“ (Z. 5 f.)	
„…, meine Süße,“ (Z. 15)	

5. Nenne zwei Hinweise aus dem Gedicht, die erkennen lassen, dass eine der beiden Figuren eine Frau ist. 4 Pkt.

6. „Die Frau scheint die Liebe des lyrischen Ichs nicht ernst zu nehmen.“
Erkläre anhand von zwei Textstellen, woran man dies erkennen könnte. 6 Pkt.

7. Erläutere anhand einer Textstelle, ob für dich hier eher eine Beziehung scheitert oder aber ein Verehrer verschmäht wird. 4 Pkt.

8. Erkläre, an welcher Textstelle für dich deutlich wird, dass die Verliebtheit des lyrischen Ichs enden wird. 4 Pkt.

9. „Das lyrische Ich scheint wütend über die Situation zu sein.“
Begründe mit Hilfe einer Textstelle, warum du dieser Meinung zustimmst oder warum du sie ablehnst. 4 Pkt.

Teil II: Schreiben

II.A: Textproduktion (Wahlaufgabe)

Wähle **eine** der beiden folgenden Aufgaben aus und bearbeite sie.

a) Erzähle eine Geschichte von zwei Personen, deren Liebesbeziehung durch den Mangel an gemeinsamen Aktivitäten in eine Krise gerät.

oder

b) Argumentiere, in welchen Situationen es besser ist, Gefühle offen zu zeigen, und in welchen Situationen es ratsam ist, kontrolliert aufzutreten.

Dein Text (Erzählung oder Argumentation) wird wie folgt bewertet:

	Punkte
Aufbau / Inhalt (z. B. Überschrift, Einleitung, Hauptteil, Schluss / „roter Faden“)	24
Sprachangemessenheit (Wortschatz, Satzbau, Ausdruck)	12
Sprachrichtigkeit (Rechtschreibung, Grammatik, Zeichensetzung)	4
Summe	**40**

Mirco Lomoth: Ausweitung der Wohnzone

Viele Reisende buchen lieber Privatunterkünfte als Hotelzimmer. Das ist ganz einfach, seitdem Internetportale weltweit passende Angebote vermitteln. Doch in Berlin, der Hauptstadt der Zweckentfremdung, regt sich Widerstand gegen den Tourismus in Mietshäusern.

Das könnte man sich überlegen. Eine schön eingerichtete Ferienwohnung, zentral gelegen in Berlin, mit Südbalkon für 63 Euro pro Nacht. Das Doppelzimmer im gesichtslosen Drei-Sterne-Hotel in der Nähe kostet 75 Euro, hat keine Küche und ist geschätzte vierzig Quadratmeter kleiner. Für viele Städtereisende sind Privatunterkünfte eine attraktive Alternative, sie wohnen lieber als Selbstversorger in einem vollausgestatteten Apartment als in einem standardisierten Hotelzimmer. Oft ist sogar der Preis besser, gerade für Familien mit Kindern. Und wer noch weniger zahlen will, nimmt sich ein Gästezimmer oder ein Schlafsofa in einer Wohngemeinschaft – Couchsurfing gegen Geld quasi.

Online-Portale mit holprigen Namen wie Airbnb, 9flats oder Wimdu bieten eine unkomplizierte Buchung und versprechen ein neues Selbstverständnis als Reisender: Statt in meist langweiligen Hotelzimmern zu versauern, ist mittendrin, wer bei Privatleuten bucht, verspricht die Werbung. „Stop being a tourist", lautet der Slogan von 9flats, den das Unternehmen zurzeit überall von Plakatwänden schreit. Wer bucht, wird suggeriert, wohnt im Trendbezirk statt in der touristischen Quarantänezone, trifft Einheimische statt Zimmermädchen, geht in die Eckkneipe statt in die Hotelbar und kauft fürs Frühstück günstig im Supermarkt ein. „Du wirst im Nu genau wie John F. Kennedy feierlich verkünden: Ich bin ein Berliner", heißt es vollmundig auf der Seite von Airbnb. [...]

Die Konkurrenz unter den Online-Vermittlern ist groß, Airbnb, 9flats und Wimdu sind alle drei dieses Jahr in Deutschland an den Start gegangen. Vermieter bekommen bei ihnen eine professionelle Vermarktung geboten, mit Belegungsplänen und Werbefotos, inklusive künstlerischer Nahaufnahmen von Espressokocher und Bauhaus-Leuchte. Auch die Zahlung läuft über den Portalbetreiber, der für jede Buchung Gebühren einbehält – bei 9flats sind es 15 Prozent für den Vermieter, bei Airbnb drei Prozent und bis zu zwölf Prozent für den Gast, Wimdu verlangt drei Prozent für den Vermieter und zwölf Prozent für den Gast. Dafür kann jeder vermieten und mieten, weltweit.

Zum Beispiel in Berlin, ein touristischer Magnet mit mehr als 21 Millionen Übernachtungen in diesem Jahr, gut 125 000 Hotelbetten und einem großen Angebot an Privatunterkünften. Eigentümer von Mietshäusern vermieten hier Wohnungen an Touristen, weil sie so höhere Einnahmen erzielen können als bei Dauermietverträgen, Mieter geben einzelne Zimmer weiter oder gleich die ganze Wohnung. Längst hat sich herumgesprochen, dass sich die Untervermietung an Touristen lohnen kann, die Online-Vermittler kurbeln den Markt nun zusätzlich an. Wer bei Airbnb nach einer Privatunterkunft in Berlin sucht, erhält rund 2 400 Angebote, etwa zwei Drittel davon Wohnungen, ein Drittel Privatzimmer in Familien und Wohngemeinschaften, deutschlandweit kommen nach eigenen Angaben jede Woche fünfhundert neue Unterkünfte hinzu. Doch für Mieter gilt grundsätzlich eine Meldepflicht gegenüber dem Vermieter, wer die nicht einhält, riskiert die Kündigung. Wohnungseigentümer hingegen können eine Ferienwohnung sogar gegen den Willen einer Hausgemeinschaft durchsetzen, wie der Bundesgerichtshof im letzten Jahr entschied.

Wie viele Ferienwohnungen es in Berlin insgesamt gibt, lässt sich nicht eindeutig ermitteln, da die meisten nicht registriert sind. Der Deutsche Hotel- und Gaststättenverband Dehoga geht von mindestens 15 000 aus, andere halten diese Zahl für übertrieben. Doch die Hoteliers sehen die günstige Bettenkonkurrenz zunehmend als Bedrohung, sprechen von einem „grauen Markt" der Ferienwohnungen, der dem gewerblichen Markt mindestens drei Millionen Übernachtungen jährlich entziehe, teils durch professionelle Großanbieter. Etwa in der Wilhelmstraße in Berlin-Mitte, einer Wohnanlage in der Nähe des Brandenburger Tors. Anwohner haben hier 257 Ferienwohnungen gezählt und sich zu einer Bürgerinitiative zusammengeschlossen, um sich gegen Müll und Lärm zur Wehr zu setzen. Die Touristen feiern, wenn sie arbeiten müssen, und sind auch sonst oft keine Wunschnachbarn.

In Berlin gibt es laut Dehoga mehrere solcher Großanbieter, die reihenweise Ferienwohnungen in Mietshäusern unterbringen und damit Anwohner und Hoteliers gleichermaßen verärgern. Manche bieten sogar Wäscheservice, Brötchenlieferung und Minibar, entziehen sich aber Kontrollen und Auflagen, die für die Hotelwirtschaft bindend sind. „Hoteliers müssen zigtausend Euro für Brandschutz und Sicherheit aufwenden, die von den Ferienwohnungen alle nicht eingehalten werden, für uns ist das Wettbewerbsverzerrung", sagt Thomas Lengfelder, Hauptgeschäftsführer des Dehoga in Berlin. „Es geht uns nicht um kleine Privatanbieter, aber wenn es in einem Wohnhaus mit zehn Parteien sieben Ferienwohnungen gibt, dann ist das ein hotelähnlicher Zustand, und davon gibt es in Berlin ganze Straßenzüge."

Seit Juli 2010 gilt in Berlin daher eine neue Bauordnung, ein Haus mit mehr als zwölf Gästebetten muss die gleichen Auflagen einhalten wie ein Hotel. In der Wilhelmstraße wurden gerade elf Ferienwohnungen verboten, weil die Brandschutzmaßnahmen den neuen Vorgaben nicht entsprechen. Den Bezirksbauämtern fehlt es jedoch an Personal, um Ferienwohnungen flächendeckend zu überprüfen. [...]

Widerstand gegen Ferienwohnungen regt sich in Berlin auch von anderer Seite. Die zunehmende Ausdehnung des Tourismus in Wohnquartiere und Mietshäuser fällt in eine Zeit rasant steigender Mieten, Luxussanierungen und einer Debatte um Gentrifizierung, der Abdrängung ärmerer Bevölkerungsteile aus innerstädtischen Quartieren. „Durch Ferienwohnungen werden dem Markt Wohnungen entzogen, die sonst für dauerhafte Mietverhältnisse zur Verfügung stehen würden", sagt Reiner Wild, Geschäftsführer des Berliner Mietervereins. In drei Viertel aller Berliner Bezirke gebe es bereits eine erheblich höhere Nachfrage nach Wohnungen, als tatsächlich zur Verfügung stehen, die Mieten steigen gerade in Trendbezirken wie Prenzlauer Berg, Mitte, Kreuzberg oder Friedrichshain rasant, die auch bei Touristen am beliebtesten sind. „Dort ist Wohnraum für ärmere Bevölkerungsschichten oft gar nicht mehr zugänglich, wir fordern daher ein Verbot von Zweckentfremdungen, um das Wohnungsangebot nicht noch weiter zu verknappen." Das würde verhindern, dass Wohnraum zu Arztpraxen, Anwaltskanzleien oder auch Ferienapartments umgestaltet wird. Ein solches Verbot gab es in Berlin schon einmal, vor gut zehn Jahren wurde es per Gerichtsurteil aufgehoben, weil genügend Leerstand vorhanden war. „Wir prüfen nun mit dem Fokus auf kleinräumige Zuschnitte, ob eine Wiedereinführung möglich ist, um bestimmte Stadtbereiche besser zu schützen", sagt Mathias Gille von der Senatsverwaltung für Stadtentwicklung.

Nina Hecker, die seit sechs Jahren Ferienwohnungen in Kreuzberg verwaltet, ist es leid, dass Ferienwohnungen in der Debatte um Mietraum in Berlin oft zuerst genannt werden. „Die Wohnungsnot hat doch ganz andere Gründe, Ferienwohnungen werden da nur vorgeschoben", sagt sie. Auch das Argument der lauten Party-Touristen kann sie nicht nachvollziehen. „Es kommt vielleicht einmal im Jahr vor, dass sich Engländer einmieten, die sich dann in der Wohnung betrinken, die meisten meiner Kunden sind Familien oder Eltern von Leuten, die im Kiez wohnen", sagt Hecker. „Aber für viele Berliner sind Ferienwohnungen grundsätzlich schlecht, ich überlege schon, wem ich noch sage, was ich beruflich mache."

Berliner Vermittlungsagenturen haben in diesem Jahr den Interessenverein der Berliner Privatvermieter gegründet, um etwas von dem Gegenwind abzufangen, der Ferienwohnungsanbietern derzeit entgegenschlägt, vor allem von Seiten der Hoteliers, aber auch von den Berlinern selbst. „Ferienwohnungen sind bei den Touristen sehr beliebt, viele Leute sind froh, dass es dieses Angebot in Berlin gibt, gerade Familien", sagt Sprecher Enrico Molitor. Der Verein will erreichen, dass der Ferienwohnungsmarkt als seriös anerkannt wird, spricht sich etwa für eine Registrierung aus, um Auswüchse wie in der Wilhelmstraße künftig zu vermeiden. Auch Molitor stört die pauschale Verurteilung von Privatunterkünften, die teils sogar in tourismusfeindliche Stimmung gipfelt, etwa in Kreuzberg, wo Ansässige sich zunehmend gestört fühlen. „Die Kreuzberger wollen verständlicherweise den Charme ihres Kiezes bewahren", sagt Molitor. Und fügt noch hinzu: „Aber Weltoffenheit gehört da eben auch dazu."

Quelle: Lomoth, Mirco: Ausweitung der Wohnzone. In: Frankfurter Allgemeine Sonntagszeitung. 11. 12. 2011. V 3.

Teil I: Lesen

1. Kreuze die richtige Aussage an. Es ist jeweils nur eine Aussage richtig. 6 Pkt.

   a) Die im Text genannten Online-Portale bieten
   - ☐ einzelne Hotelzimmer.
   - ☐ nur Mietwohnungen.
   - ☐ private Unterkünfte.
   - ☐ den Tausch von Wohnungen.

   b) Die Online-Portale verlangen als Gebühr
   - ☐ für alle den gleichen Preis.
   - ☐ für Vermieter 3 %, für Mieter 12 %.
   - ☐ 15 % für alle Vermieter.
   - ☐ alle unterschiedliche Preise.

   c) Berlin hat
   - ☐ rund 125 000 Hotelbetten.
   - ☐ 21 Millionen Gäste jährlich.
   - ☐ insgesamt 2 400 Hotelzimmer.
   - ☐ 257 Ferienwohnungen.

   d) Bei einem im Text genannten Anbieter sind
   - ☐ die überwiegende Zahl der Angebote Wohnungen.
   - ☐ der geringere Teil der Angebote Wohnungen.
   - ☐ die überwiegende Zahl der Angebote Privatzimmer.
   - ☐ die überwiegende Zahl der Angebote Wohngemeinschaften.

   e) Gesetze bestimmen, dass
   - ☐ Vermieter sich für die Vermietung registrieren lassen.
   - ☐ Mieter Untervermietungen beim Vermieter melden müssen.
   - ☐ Mieter private Gäste dem Vermieter vorstellen müssen.
   - ☐ Vermieter keine Gäste in Mietshäusern unterbringen dürfen.

   f) In Berlin wurde die Nutzung von einigen Ferienwohnungen verboten, weil
   - ☐ die Gebühren nicht bezahlt wurden.
   - ☐ sie für ärmere Familien nicht zugänglich sind.
   - ☐ sich die Hoteibetreiber beschwert haben.
   - ☐ sie Brandschutzauflagen nicht erfüllt haben.

2. Kreuze die richtige Aussage an. Es ist jeweils nur eine Aussage richtig. 4 Pkt.

   a) Der Begriff „grauer Markt" (Z. 82) bedeutet hier
      - ☐ trostlose Immobilien-Verkaufsangebote.
      - ☐ besonders riskante Geschäfte.
      - ☐ Geschäfte an der Grenze des Erlaubten.
      - ☐ Immobilienangebote für Senioren.

   b) „Verbot von Zweckentfremdungen" (Z. 139) bedeutet hier, dass
      - ☐ die Nutzung für den Fremdenverkehr vorgeschrieben ist.
      - ☐ bestimmten Bevölkerungsschichten die Nutzung verboten wird.
      - ☐ die Wohnungsnutzung in bestimmten Stadtbereichen geschützt wird.
      - ☐ sich die Nutzung nach der Erbauung geändert hat.

   c) „Leerstand" (Z. 146) bedeutet hier, dass
      - ☐ die Gerichte keine Urteile gesprochen haben.
      - ☐ ungenutzte Wohnungen abgerissen werden.
      - ☐ es unvermietete Wohnungen gibt.
      - ☐ der Bedarf an Ferienwohnungen abnimmt.

   d) Der Begriff „Kiez" (Z. 185) bedeutet hier
      - ☐ Marktplatz.
      - ☐ Vergnügungsviertel.
      - ☐ altes Wohnviertel.
      - ☐ Jugendzentrum.

3. Ordne den Zitaten die passenden sprachlichen Mittel zu. 4 Pkt.

   Sprachliche Mittel:
   Anapher, Antithese, Ellipse, Personifikation, rhetorische Frage, Vergleich

   Hinweis: Einige sprachliche Mittel können zu mehreren Textstellen passen, andere zu keiner.

Zitat	Sprachliches Mittel
„… – Couchsurfing gegen Geld quasi." (Z. 20)	
„…, den das Unternehmen […] von Plakatwänden schreit." (Z. 27 ff.)	
„Du wirst im Nu genau wie John F. Kennedy …" (Z. 33 f.)	
„Die Touristen feiern, wenn sie arbeiten müssen, …" (Z. 91 f.)	

4. Ordne jeder der folgenden Textstellen das passende Merkmal einer Reportage zu. Trage die passenden Buchstaben in die Tabelle ein. 4 Pkt.

Hinweis: Einige Merkmale können mehreren Textstellen zugeordnet werden, andere keiner.

Mögliche Merkmale:

A Autorenkommentar
B Fazit
C Zahlen, Daten, Fakten, Erläuterungen als Hintergrundwissen
D Expertenmeinung
E Vorspann/Teaser/Lead
F erlebnisorientierter Einstieg

Textstelle	**Merkmal**
Zeile 1–6	
Zeile 7–12	
Zeile 51 74	
Zeile 106–110	

5. Nenne zwei Gründe, die die Anwohner gegen die Untervermietung zu touristischen Zwecken anbringen. 2 Pkt.

6. Nenne zwei Gründe, die das Vermieten von Wohnungen an Touristen für Eigentümer oder Mieter attraktiv machen können. 2 Pkt.

7. Zitiere eine Textstelle, mit der versucht wird, das Übernachten in Hotels als langweilig oder altmodisch darzustellen. 2 Pkt.

8. Der Titel „Ausweitung der Wohnzone" scheint eine Vermehrung des Wohnungsangebots anzudeuten.
Begründe anband von zwei Beispielen aus dem Text, ob du dieser Sicht zustimmst oder sie ablehnst. 6 Pkt.

9. Erkläre den Zusammenhang zwischen einer hohen Anzahl von Ferienwohnungen und hohen Mietpreisen in Berlin. 4 Pkt.

10. „In unserem Wirtschaftssystem häufen einige wenige beträchtliche Reichtümer an; andere leben in Arbeitslosigkeit oder in Armut."
Erkläre zwei Parallelen zwischen der Behauptung und dem Text. 6 Pkt.

Teil II: Schreiben

II.A: Textproduktion (Wahlaufgabe)

Wähle **eine** der beiden folgenden Aufgaben aus und bearbeite sie.

a) Erzähle eine Geschichte, in der die folgenden Wörter vorkommen (die Reihenfolge spielt keine Rolle): fremde Stadt, unbekannte Nachbarn, Party, Beschwerde.

oder

b) Berichte von einem Urlaubstag in einer Stadt. Der Bericht soll Informationen über den Anlass, die Teilnehmerinnen und Teilnehmer, die geplanten Programmpunkte und den tatsächlichen Ablauf enthalten. Der Bericht kann sich auch auf eine Klassenfahrt beziehen.

Dein Text (Erzählung oder Bericht) wird wie folgt bewertet:

	Punkte
Aufbau/Inhalt (z. B. Überschrift, Einleitung, Hauptteil, Schluss/„roter Faden“)	24
Sprachangemessenheit (Wortschatz, Satzbau, Ausdruck)	12
Sprachrichtigkeit (Rechtschreibung, Grammatik, Zeichensetzung)	4
Summe	**40**

Abschlussprüfung Deutsch an Realschulen in Hessen 2014
Sprachliche Richtigkeit

II.B: Sprachliche Richtigkeit

1. Markiere und verbessere die zwölf Rechtschreib- und Zeichensetzungsfehler im Text. Du darfst nicht mehr als zwölf Fehler markieren. Notiere die korrekte Schreibung jeweils unter der fehlerhaften Stelle. Der Text enthält keine Fehler zur Getrennt- und Zusammenschreibung. Eigennamen sind korrekt geschrieben. 6 Pkt.

Beispiel:

Nachdem die Wanderer an der Berghütte angekommen waren, ruhten sie sich
fehlendes Komma

aus und schauten sich den ~~sonnenuntergang~~ an.
Sonnenuntergang

Am Donnerstag fand im Bundestag eine wichtige Abstimmung statt. Dabei ging es

um ein Gesetz, dass Firmen dazu verpflichten soll, eine sogenannte Frauenquote

zu erfüllen. Damit ist gemeint, das ein bestimmter Anteil an Chefposten mit Frauen

besetzt werden muss. Ob eine solche Frauenquote sinnvoll ist darüber streiten

Politiker seit langer Zeit. Deshalb war bis zuletzt unklar wie die Abstimmung

ausgeht. Am nachmittag stand dann fest dass die meisten Politiker gegen das neue

Gesetz gestimmt hatten. In Deutschland gibt es bisher nur wenige Frauen, die

zum beispiel eine grosse Firma leiten. Um das zu ändern haben sich einige

Politikerinnen und Politiker sehr für die Frauenquote eingesetzt. Das die meisten

Bundestagsmitglieder dagegen gestimmt haben, finden Sie sehr Schade.

Quelle: ZDF, 18. 04. 2013; http://www.tivi.de/fernsehen/logo/artikel/40912/druckansicht/index.html

2. Setze die Wörter in den Klammern in den richtigen Fall (Genitiv, Dativ oder Akkusativ). Schreibe die Lösung in die Zeile darunter. 4 Pkt.

> **Beispiel:**
>
> *Ein ehrlicher Finder hat die Geldbörse (der Mann) zu (ein Fundbüro) gebracht.*
>
> des Mannes einem Fundbüro

Seit über 50 (Jahre) benennt das Meteorologische Institut der Freien Universität

Berlin die Hoch- und Tiefdruckgebiete mit Frauen- und Männernamen. Wer

(sein eigener Name) auf der Wetterkarte sehen möchte, kann dafür eine Patenschaft

kaufen. Der Erlös kommt (die Studierenden) der Universitäts-Wetterstation zugute.

Zusammen mit (andere Angaben) wie Windstärke und Temperatur werden die

täglich ermittelten Daten der Wetterstation im Computer gespeichert und landen

beim (Deutscher Wetterdienst). Bereits vor elf Jahren haben die Studierenden die

Spät- und Nachtschicht bei (die stündliche Wetterbeobachtung) übernommen.

Finanziert wird die Initiative durch das Projekt „Wetterpate“. Neben dem US-

Wetterdienst ist die Wetterstation (die Universität Berlin) weltweit schon seit

über fünfzig Jahren die einzige Stelle, die Namen für Hoch- und Tiefdruckgebiete

vergibt. Ein Tief kostet nach Angaben (das Team) der Wetterstation 199 Euro,

ein Hoch 299 Euro.

Quelle: nach Verena Kemna, Deutschlandradio Köln,
http://www.dradio.de/dlf/sendungen/campus/2264839/ (10. 10. 2013)

3. Wähle die Begründung aus, warum hier ein Komma stehen muss. 5 Pkt.

Begründungen:

A Das Komma trennt erweiterte Infinitive.
B Das Komma trennt Hauptsätze.
C Das Komma trennt Haupt- von Nebensätzen.
D Das Komma trennt wörtliche Rede von Redebegleitsätzen.
E Das Komma trennt Aufzählungen von Wörtern und Wortgruppen.

Hinweis: Einige Begründungen können zu mehreren Sätzen passen, andere zu keinem.

Satz	**Begründung**
Florians Herz schlug heftig, er ahnte das bevorstehende Unheil.	
Er verabschiedete sich, weil er für den nächsten Tag seine Koffer packen musste.	
Das Dorf, das in einer Talmulde liegt, ist von einem dichten Wald umgeben.	
Die Tür wurde geöffnet, daraufhin erblickte sie ihren Bruder.	
„Ich werde pünktlich sein“, versprach sie ihm.	

4. Nenne die passende Strategie, die zur korrekten Schreibung der markierten Stelle angewendet werden kann. 5 Pkt.

Strategien:

A Ich achte auf die Vor- oder Nachsilbe.
B Ich verlängere das Wort und beachte die Endung.
C Ich beachte den Wortursprung.
D Ich überprüfe die Wortart.
E Ich achte auf die Vokallänge.

Hinweis: Einige Strategien können zu mehreren Sätzen passen, andere zu keinem.

Satz	**Strategie**
Das Experimentieren in Chemie war wenigstens spannend.	
Er hatte nicht mehr alle Tassen im Schrank.	
Die Nashörner sahen gefährlich aus.	
Die Gruppe geriet trotz des frühen Aufbruchs in die Finsternis.	
Der Frühling war lange Zeit sehr kalt.	

Kurt Tucholsky (1890–1935):
Die Kunst, falsch zu reisen

Wem Gott will rechte Gunst erweisen, den schickt er in die –

„Alice! Peter! Sonja! Legt mal die Tasche hier in das Gepäcknetz, nein, da! Gott, ob einem die Kinder wohl mal helfen! Fritz, iß jetzt nicht alle Brötchen auf! Du hast eben gegessen!"

in die weite Welt!

Wenn du reisen willst, verlange von der Gegend, in die du reist, *alles:* schöne Natur, den Komfort der Großstadt, kunstgeschichtliche Altertümer, billige Preise, Meer, Gebirge – also: vorn die Ostsee und hinten die Leipziger Straße. Ist das nicht vorhanden, dann schimpfe.

Wenn du reist, nimm um Gottes willen keine Rücksicht auf deine Mitreisenden – sie legen es dir als Schwäche aus. Du hast bezahlt – die andern fahren alle umsonst. Bedenke, daß es von ungeheurer Wichtigkeit ist, ob du einen Fensterplatz hast oder nicht; daß im Nichtraucher-Abteil einer raucht, muß sofort und in den schärfsten Ausdrücken gerügt werden – ist der Schaffner nicht da, dann vertritt ihn einstweilen und sei Polizei, Staat und rächende Nemesis[1] in einem. Das verschönt die Reise. Sei überhaupt unliebenswürdig – daran erkennt man den *Mann.*

Im Hotel bestellst du am besten ein Zimmer und fährst dann anderswohin. Bestell das Zimmer nicht ab; das hast du nicht nötig – nur nicht weich werden.

Bist du im Hotel angekommen, so schreib deinen Namen mit allen Titeln ein. … Hast du keinen Titel … Verzeihung … ich meine: wenn einer keinen Titel hat, dann erfinde er sich einen. Schreib nicht: ‚Kaufmann', schreib: ‚Generaldirektor'. Das hebt sehr. Geh sodann unter heftigem Türenschlagen in dein Zimmer, gib um Gottes willen dem Stubenmädchen, von dem du ein paar Kleinigkeiten extra verlangst, kein Trinkgeld, das verdirbt das Volk; reinige deine staubigen Stiefel mit dem Handtuch, wirf ein Glas entzwei (sag es aber keinem, der Hotelier hat so viele Gläser!), und begib dich sodann auf die Wanderung durch die fremde Stadt.

In der fremden Stadt mußt du zuerst einmal alles genauso haben wollen, wie es bei dir zu Hause ist – hat die Stadt das nicht, dann taugt sie nichts. Die Leute müssen also rechts fahren, dasselbe Telefon haben wie du, dieselbe Anordnung der Speisekarte und dieselben Retiraden[2]. Im übrigen sieh dir *nur* die Sehenswürdigkeiten an, die im Baedeker[3] stehen. Treibe die Deinen erbarmungslos an alles heran, was im Reisehandbuch einen Stern hat – lauf blind an allem andern vorüber, und vor allem: rüste dich richtig aus. Bei Spaziergängen durch fremde Städte trägt man am besten kurze Gebirgshosen, einen kleinen grünen Hut (mit Rasierpinsel), schwere Nagelschuhe (für Museen sehr geeignet) und einen derben Knotenstock[4]. Anseilen nur in Städten von 500 000 Einwohnern aufwärts.

Wenn deine Frau vor Müdigkeit umfällt, ist der richtige Augenblick gekommen, auf einen Aussichtsturm oder auf das Rathaus zu steigen; wenn man schon mal in der Fremde ist, muß man alles mitnehmen, was sie einem bietet. Verschwimmen dir zum Schluß die Einzelheiten vor Augen, so kannst du voller Stolz sagen: ich habs geschafft.

Mach dir einen Kostenvoranschlag, bevor du reist, und zwar auf den Pfennig genau, möglichst um hundert Mark zu gering – man kann das immer einsparen. Dadurch nämlich, daß man überall handelt; dergleichen macht beliebt und heitert überhaupt die Reise auf. Fahr lieber noch ein Endchen weiter, als es dein Geldbeutel gestattet, und bring den Rest dadurch ein, daß du zu Fuß gehst, wo die Wagenfahrt angenehmer ist; daß du zu wenig Trinkgelder gibst; und daß du überhaupt in jedem Fremden einen Aasgeier siehst. Vergiß dabei nie die Hauptregel jeder gesunden Reise:

Ärgere dich!

Sprich mit deiner Frau nur von den kleinen Sorgen des Alltags. Koch noch einmal allen Kummer auf, den du zu Hause im Büro gehabt hast; vergiß überhaupt nie, daß du einen Beruf hast.

Wenn du reisest, so sei das erste, was du nach jeder Ankunft in einem fremden Ort zu tun hast: Ansichtskarten zu schreiben. Die Ansichtskarten brauchst du nicht zu bestellen: der Kellner sieht schon, daß du welche haben willst. Schreib unleserlich – das läßt auf gute Laune schließen. Schreib überall Ansichtskarten: auf der Bahn, in der Tropfsteingrotte, auf den Bergesgipfeln und im schwankenden Kahn. Brich dabei den Füllbleistift ab und gieß Tinte aus dem Federhalter. Dann schimpfe.

Das Grundgesetz jeder richtigen Reise ist: *es muß was los sein* – und du mußt etwas ‚vorhaben'. Sonst ist die Reise keine Reise. Jede Ausspannung von Beruf und Arbeit beruht darin, daß man sich ein genaues Programm macht, es aber nicht innehält – hast du es nicht innegehalten, gib deiner Frau die Schuld.

Verlang überall ländliche Stille; ist sie da, schimpfe, daß nichts los ist. Eine anständige Sommerfrische besteht in einer Anhäufung derselben Menschen, die du bei dir zu Hause siehst, sowie in einer Gebirgsbar, einem Oceandancing und einer Weinabteilung. Besuche dergleichen – halte dich dabei aber an deine gute, bewährte Tracht: kurze Hose, kleiner Hut (siehe oben). Sieh dich sodann im Raume um und sprich: „Na, elegant ist es hier gerade nicht!“ Haben die andern einen Smoking an, so sagst du am besten: „Fatzkerei[5], auf die Reise einen Smoking mitzunehmen!“ – hast *du* einen an, die andern aber nicht, mach mit deiner Frau Krach. Mach überhaupt mit deiner Frau Krach.

Durcheile die fremden Städte und Dörfer – wenn dir die Zunge nicht heraushängt, hast du falsch disponiert[6]; außerdem ist der Zug, den du noch erreichen mußt, wichtiger als eine stille Abendstunde. Stille Abendstunden sind Mumpitz; dazu reist man nicht.

Auf der Reise muß alles etwas besser sein, als du es zu Hause hast. Schieb dem Kellner die nicht gut eingekühlte Flasche Wein mit einer Miene zurück, in der geschrieben steht: „Wenn mir mein Haushofmeister den Wein so aus dem Keller bringt, ist er entlassen!“ Tu immer so, als seist du aufgewachsen bei …

Mit den lächerlichen Einheimischen sprich auf alle Fälle gleich von Politik, Religion und dem Krieg. Halte mit deiner Meinung nicht hinterm Berg, sag alles frei heraus! Immer gib ihm! Sprich laut, damit man dich hört – viele fremde Völker sind ohnehin schwerhörig. Wenn du dich amüsierst, dann lach, aber so laut, daß sich die andern ärgern, die in ihrer Dummheit nicht wissen, worüber du lachst. Sprichst du fremde Sprachen nicht sehr gut, dann schrei: man versteht dich dann besser.

Laß dir nicht imponieren.

Seid ihr mehrere Männer, so ist es gut, wenn ihr an hohen Aussichtspunkten etwas im Vierfarbendruck singt. Die Natur hat das gerne.

Handele. Schimpfe. Ärgere dich. Und mach Betrieb.

Die Kunst, richtig zu reisen

Entwirf deinen Reiseplan im großen – und laß dich im einzelnen von der bunten Stunde treiben.

Die größte Sehenswürdigkeit, die es gibt, ist die Welt – sieh sie dir an.

Niemand hat heute ein so vollkommenes Weltbild, daß er alles verstehen und würdigen kann: hab den Mut, zu sagen, daß du von einer Sache nichts verstehst.

Nimm die kleinen Schwierigkeiten der Reise nicht so wichtig; bleibst du einmal auf einer Zwischenstation sitzen, dann freu dich, daß du am Leben bist, sieh dir die Hühner an und die ernsthaften Ziegen, und mach einen kleinen Schwatz mit dem Mann im Zigarrenladen.

Entspanne dich. Laß das Steuer los. Trudele durch die Welt. Sie ist so schön: gib dich ihr hin, und sie wird sich dir geben.

Quelle: Kurt Tucholsky: Die Kunst, falsch zu reisen (1929), in: Mary Gerold-Tucholsky, Fritz J. Raddatz (Hg.): Kurt Tucholsky. Gesammelte Werke, Band 7, Reinbek bei Hamburg 1995, S. 115–118.

Die Rechtschreibung folgt der Textvorlage.

1 Nemesis: griechische Rachegöttin
2 Retiraden: hier: Toiletten
3 Baedeker: bekannter Reiseführer
4 Knotenstock: Wanderstock aus Holz mit verdickten Auswüchsen
5 Fatzke: eitler, eingebildeter Mensch
6 disponiert: hier: geplant

Teil I: Lesen

1. Kreuze die richtige Aussage an. Es gibt jeweils nur eine richtige Lösung. 4 Pkt.

   a) Beim „falschen“ Reisen verhält man sich gegenüber Mitreisenden am besten
   - [ ] rücksichtsvoll.
   - [ ] liebenswürdig.
   - [ ] rücksichtslos.
   - [ ] unehrlich.

   b) Das Hotelpersonal wird von Gästen, die auf die „falsche“ Art reisen,
   - [ ] höflich behandelt.
   - [ ] mit Trinkgeld belohnt.
   - [ ] sehr oft schikaniert.
   - [ ] meistens betrogen.

   c) Bei der „falschen“ Art zu reisen sollte man
   - [ ] nur die im Reiseführer empfohlenen Orte besuchen.
   - [ ] sich an den Bedürfnissen der anderen Reisenden orientieren.
   - [ ] auf die Wünsche der Familie eingehen.
   - [ ] möglichst wenige Postkarten verschicken.

   d) Beim „falschen“ Reisen wird im Umgang mit Einheimischen zu __________ geraten.
   - [ ] Zurückhaltung
   - [ ] Besserwisserei
   - [ ] Geduld
   - [ ] Humor

2. Kreuze die richtige Aussage an. Es gibt jeweils nur eine richtige Lösung. 6 Pkt.

   a) „vorn die Ostsee und hinten die Leipziger Straße“ (Z. 11 f.) bedeutet hier
   - [ ] ein ruhiger Ort in der Nähe des Strandes.
   - [ ] eine größere Straße, die zum Urlaubsort führt.
   - [ ] eine Kombination aus Naturidyll und Großstadtleben.
   - [ ] ein Urlaubsort, der unter Verkehrslärm leidet.

   b) „unter heftigem Türenschlagen“ (Z. 35 f.) bedeutet hier, dass der Gast
   - [ ] Aktivität zeigen soll.
   - [ ] dem Direktor imponieren soll.
   - [ ] seine Macht demonstrieren soll.
   - [ ] sich wie zu Hause fühlen soll.

c) „das verdirbt das Volk" (Z. 38 f.) bedeutet hier, dass das Personal

- ☐ neue Sitten einführt.
- ☐ mit den Gästen Streit sucht.
- ☐ zu den Gästen unehrlich ist.
- ☐ zu selbstbewusst werden könnte.

d) „muß man alles mitnehmen" (Z. 64 f.) bedeutet hier, dass

- ☐ sehr viel gestohlen wird.
- ☐ man nichts auslassen soll.
- ☐ viel Gepäck transportiert wird.
- ☐ es eine große Reisegruppe gibt.

e) „Immer gib ihm!" (Z. 132) bedeutet hier, dass der Reisende

- ☐ spendabel ist.
- ☐ sich anpasst.
- ☐ Karten spielt.
- ☐ aggressiv auftritt.

f) „mach Betrieb" (Z. 144 f.) bedeutet hier, dass

- ☐ jemand eine Firma gründet.
- ☐ jemand für Unruhe sorgt.
- ☐ Arbeitskollegen verreisen.
- ☐ die Mittagspause zu Ende ist.

3. a) Welche der folgenden Aussagen sind richtig? 2 Pkt.

Die Kunst, falsch zu reisen, besteht darin,

A sich Zeit zu lassen und zu entspannen.
B sich nicht zu entspannen.
C zu glauben, möglichst viel erledigen zu müssen.
D etwas zu verpassen.

Kreuze die richtige Antwort an.

- ☐ Nur A und B stehen im Text.
- ☐ Nur A und C stehen im Text.
- ☐ Nur B und C stehen im Text.
- ☐ Nur B und D stehen im Text.

b) Welche der folgenden Aussagen sind richtig? 2 Pkt.

Die Kunst, richtig zu reisen, besteht darin,

A sich mit den Einheimischen zu unterhalten.
B überall seine Meinung zu äußern.
C sich nicht zu viele Ziele zu setzen.
D die Reiseführer zu verstehen.

Kreuze die richtige Antwort an.

☐ Nur A und B stehen im Text.
☐ Nur A und C stehen im Text.
☐ Nur B und C stehen im Text.
☐ Nur B und D stehen im Text.

4. Ordne den Zitaten die passenden sprachlichen Mittel zu. 4 Pkt.

Sprachliche Mittel:
Anapher, Antithese, Ellipse, Euphemismus, Oxymoron, Personifikation

Hinweis: Einige sprachliche Mittel können zu mehreren Textstellen passen, andere zu keinen.

Zitat	**Sprachliches Mittel**
„Du hast bezahlt – die andern fahren alle umsonst." (Z. 16 f.)	
„Wenn du reisen willst …" (Z. 8) / „Wenn du reist …" (Z. 14)	
„Anseilen nur in Städten von 500 000 Einwohnern aufwärts." (Z. 58–60)	
„Trudele durch die Welt. Sie ist so schön: gib dich ihr hin, und sie wird sich dir geben." (Z. 161–163)	

5. Tucholsky setzt im ersten Textteil (Z. 8–145) an vielen Stellen das Mittel der Ironie ein.
Erkläre eine Textstelle, an der man erkennen kann, dass es sich um eine ironisch gemeinte Empfehlung handelt. 4 Pkt.

6. In den beiden Textteilen (Z. 8–145 und Z. 146–163) werden zwei unterschiedliche Herangehensweisen an das Reisen dargestellt.
   Belege den Unterschied anhand von jeweils einer Textstelle aus den beiden Textteilen. 4 Pkt.

____

____

____

____

____

____

Bearbeite die folgenden Aufgaben auf deinem Reinschriftpapier.

7. Begründe anhand von zwei Textstellen, warum man das Verhalten des Reisenden im ersten Textteil (Z. 8–145) als „falsch" bezeichnen kann. 6 Pkt.

8. „Im ersten Textteil (Z. 8–145) gewinnt man den Eindruck, dass der Reisende das Fremde eher ablehnt als sich am Ungewohnten und Neuen zu erfreuen."
   Erläutere diese Aussage anhand einer Textstelle. 4 Pkt.

9. Erläutere anhand einer Textstelle, wieso es eine „Kunst" ist, richtig zu reisen. 4 Pkt.

Teil II: Schreiben

II.A: Textproduktion (Wahlaufgabe)

Wähle **eine** der beiden folgenden Aufgaben aus und bearbeite sie.

a) Berichte von einer Klassenfahrt oder einem Ausflug mit deiner Klasse.
Es soll erkennbar werden, wie die Fahrt organisiert wurde (Teilnehmerinnen und Teilnehmer, Treffpunkt, Verkehrsmittel, Führung oder Vorträge, Rückkehr) und welche Aktivitäten oder Sehenswürdigkeiten dabei im Mittelpunkt standen. Dein Bericht soll im Jahrbuch deiner Schule veröffentlicht werden.

oder

b) Argumentiere, welche Vor- und Nachteile Tourismus für die Einheimischen (z. B. für deren Wohlstand oder den Einfluss auf Landschaft und Umwelt) haben kann.
Deine Argumentation soll in der Schülerzeitung erscheinen und anderen Klassen als Diskussionsgrundlage für die Auswahl von Zielen für Abschlussfahrten dienen.

Dein Text (Bericht oder Argumentation) wird wie folgt bewertet:

	Punkte
Aufbau / Inhalt (z. B. Überschrift, Einleitung, Hauptteil, Schluss / „roter Faden“)	24
Sprachangemessenheit (Wortschatz, Satzbau, Ausdruck)	12
Sprachrichtigkeit (Rechtschreibung, Grammatik, Zeichensetzung)	4
Summe	**40**

Michael Kraske: Seite an Seite

Oft erinnert es an eine Seifenoper, wenn Mila erzählt, wie ihr Tag war. Ihre Geschichten handeln von großen Gefühlen, schnellen Trennungen und neuen Verbindungen. Einmal heißt es: „Lilly ist meine Freundin, nur Lilly.“ Nur einen Tag später stellt Mila klar: „Lilly ist gar nicht meine Freundin, nie mehr. Klara ist meine Freundin.“ Am dritten Tag ist weder Lilly noch Klara ihre Freundin. Nur Katharina. So geht das Tag für Tag. Mila ist drei Jahre alt, als Freundin bezeichnet sie ihre jeweilige Spielpartnerin im Kindergarten. Wer nicht mit ihr spielt oder gar mit ihr streitet, kann auch nicht ihr Freund sein. So einfach ist das für sie – noch.

Mila trainiert spielerisch, was ihr später helfen wird, enge Beziehungen aufzubauen: Sie vertraut, verhandelt, gibt nach oder setzt sich durch. Bis ins Erwachsenenalter wächst auf diesen frühen Erfahrungen die Fähigkeit, Menschen nahe zu sein und sie als Vertraute und Wegbegleiter am eigenen Leben teilhaben zu lassen.

Doch wofür braucht man überhaupt Freunde? Kommt man nicht auch gut allein zurecht? Und was macht diese spezielle Verbindung zwischen zwei Menschen aus? Im Kern ist Freundschaft immer eine positive Beziehung, in der sich beide Seiten guttun und helfen, wenn es nötig ist. Für den Psychologen und Freundschaftsforscher Jaap Denissen von der niederländischen Universität Tilburg ist Selbstoffenbarung der Schlüssel: „Je mehr beide Seiten bereit sind, sich zu öffnen und auch über Intimes wie Ängste oder Sorgen zu sprechen, umso tiefer wird das Verhältnis.“ Anders als eine flüchtige Schwärmerei ist Freundschaft ein Langzeitprojekt, in dem Gleichberechtigung herrscht. Unter Freunden gebe es keine Hierarchien, sagt Denissen, darum sei es schwer, mit seinem Chef befreundet zu sein.

Forscher haben herausgefunden, dass stabile soziale Bindungen uns Stress besser verarbeiten lassen, das Immunsystem stärken und die Persönlichkeit in Lebenskrisen stabilisieren. Wer Freunde hat, lebt im Schnitt besser und länger. Denn sie wirken nicht nur präventiv, sondern „haben auch bei Genesungsprozessen einen heilsamen Effekt“, sagt Markus Heinrichs, Professor für Biologische Psychologie an der Universität Freiburg. „Gute soziale Netzwerke lassen etwa Patienten nach einem Herzinfarkt schneller gesunden.“

Eine Schlüsselrolle für diese positiven Wirkungen spielt offenbar das Hormon Oxytocin. Forscher haben herausgefunden, dass es in Momenten von Intimität und Vertrautheit verstärkt ausgestoßen wird. Heinrichs: „Oxytocin wirkt doppelt: Es bringt Stress und Angst in sozialen Situationen unter Kontrolle, etwa indem es die Cortisolausschüttung hemmt, und es stimuliert das Belohnungszentrum. Wer also mit Freunden Nähe aufbaut, fährt sein Alarmsystem herunter und steigert sein Wohlbefinden.“

Die meisten Menschen profitieren psychisch und körperlich von engen Vertrauten. Daneben gibt es jedoch eine kleine Gruppe von rund zehn Prozent der Bevölkerung, die gut mit Arbeitskollegen oder Nachbarn vernetzt ist und deren Zuwendung auch registriert, aber nicht fühlen kann. Grund dafür ist eine besondere Variante ihres Oxytocin-Rezeptor-Gens. „Den Betroffenen können Sie noch so viel Unterstützung geben, sie profitieren nicht davon“, sagt Heinrichs. Allerdings ist das Bedürfnis nach Nähe und Austausch auch bei Menschen mit gewöhnlichem Rezeptor-Gen individuell verschieden. Unter anderem hängt es vom Geschlecht ab, wie leicht es uns fällt, enge Beziehungen einzugehen. Denn Frauen produzieren fast doppelt so viel Oxytocin wie Männer. Das heißt nicht, dass sie grundsätzlich mehr Freunde haben. Aber für soziale Nähe und Einfühlungsvermögen sind sie hormonell offenbar besser ausgestattet, sagt Heinrichs.

Vielen Männern fällt es schwer, andere nicht nur als Kollegen oder Mannschaftskameraden anzusehen, sondern als Weggefährten auszuwählen. „Zwei Drittel aller Männer haben keinen richtigen Freund, sondern verlassen sich ganz auf die Ehefrau“, sagt der Psychotherapeut Wolfgang Krüger. Das geht gut, solange alles gut geht, macht jedoch anfällig für Krisen. „Freunde haben eine wichtige Entlastungsfunktion“, sagt Krüger, der einen Ratgeber geschrieben hat, wie man Freunde fürs Leben findet. „Man nervt seinen Partner, wenn man ihm über Wochen die eigenen Probleme im Job aufbürdet.“ Natürlich sollte der geliebte Mensch auch Ratgeber und Tröster sein. Krüger warnt jedoch davor, die Liebesbeziehung zu überfordern. Er rät stattdessen dazu, einen Teil der Sorgen bei einem Freund zu lassen. Denn der muss schlechte Laune und trübe Gedanken nicht jeden Tag aushalten. Doch viele Männer gehen lieber in den Hobbykeller, um Frust abzubauen – und haben in Lebenskrisen womöglich keinen Vertrauten, der sie stützt. Diese Isolierungstaktik ist wohl einer der Gründe dafür, weshalb die Suizidrate der Männer nach einer Trennung einer US-Studie zufolge viermal höher liegt als jene der Frauen.

Nicht nur die Freundschaftsbereitschaft, auch die Freundschaften selbst unterscheiden sich zwischen den Geschlechtern, sofern diese unter sich bleiben. Männer sind oft nüchterner und stärker auf das ausgerichtet, was gut läuft. Über Schwächen und Niederlagen sprechen sie untereinander selten. Krüger hält dieses Muster durchaus für produktiv: „Männer schaukeln sich gegenseitig hoch mit ihrer Fixierung auf Positives.“ Sie prahlten gern mit Erfolgen und redeten Schwierigkeiten klein. Frauen dagegen seien emotionaler, öffneten sich schneller und scheuten sich nicht, von Problemen in der Ehe oder beim Sex zu erzählen. Krüger: „In Frauengesprächen geht es ganz schnell um Defizitthemen.“ Diese Offenbarungen schaffen Vertrautheit und Nähe, machen aber auch anfällig für Eifersüchteleien mit anderen Freundinnen.

[...] Der Psychologe Mitja Back konnte in einem Versuch nachweisen, dass Studenten auch nach einem Jahr noch engeren Kontakt zu ihrem ersten Tischnachbarn hatten als zu denen, die anfangs nicht in ihrer Nähe waren. Ob aus einer zufälligen Begegnung jedoch mehr wird, hat danach viel mit Gemeinsamkeiten zu tun. „Es hilft der Freundschaft, wenn man das Gefühl hat, sich ähnlich zu sein“, sagt Jaap Denissen. Dabei reiche es schon, diesen Gleichklang zu empfinden, objektiv müssten die Gemeinsamkeiten gar nicht so groß sein.

Im Laufe eines Lebens wird es schwerer, Freunde zu finden. Kindergarten, Schule und Universität führen Menschen täglich zusammen. Die Vielzahl der Gelegenheiten produziert viele Begegnungen, bei denen man sich näher kommt. Auch Schüchterne haben so gute Chancen, Freunde zu gewinnen. Später findet man sie vor allem außerhalb des Berufslebens. Dafür muss man aktiv auf andere zugehen, sie ansprechen, um sie werben – das fällt vielen Leuten schwer. Therapeut Krüger macht gerade auch zurückhaltenderen und nicht so selbstbewussten Menschen Mut: „Traut euch! Es braucht erst mal nicht viel: Zuhören, Zuverlässigkeit und Interesse sind gefragt, man muss kein Entertainer sein.“

[...] „Das Gefühl der Zugehörigkeit ist extrem wichtig“, sagt Denissen und beschreibt einen positiven Kreislauf: „Durch Freunde treten wir sicherer auf, das macht uns wiederum für andere attraktiver.“

Aber wohl jeder hat auch schon bittere Enttäuschungen in einer Freundschaft erlebt: Verrat, Desinteresse oder Unzuverlässigkeit. Nur so lange interessant zu sein, wie man dem anderen nützt. Viele beschäftigt daher die Frage, woran sie einen „wahren“ Freund erkennen können. Eine Antwort von Wolfgang Krüger lautet: „Der Wert einer Freundschaft erweist sich in einer Lebenskrise. Etwa bei einer schweren Krankheit oder wenn man vom Partner verlassen wurde.“ Dann zeigt sich, wer da ist und wer nicht. Wen man auch mitten in der Nacht anrufen kann. Wer sich auch zum zehnten Mal anhört, wie tief die Verletzung durch den Seitensprung ist. Ganz gemäß den Sprichwort: „Ein guter Freund trägt die Sorgen des anderen auf dem Rücken.“

[...] Wer wegzieht, ist oft nicht nur aus dem Blick, sondern auch aus dem Sinn. Der Kontakt reduziert sich dann meist auf Telefonate oder E-Mails. Psychologe Denissen sieht in sozialen Netzwerken wie Facebook eine Chance, wichtige Kontakte aufrechtzuerhalten, wenn man sich nicht mehr so oft sehen kann. Er bestreitet, dass elektronische Kommunikation tiefgründigen Austausch verhindert. „Das Gegenteil ist der Fall. Durch die größere Distanz im Internet fühlen sich viele ermutigt, mehr von sich zu offenbaren. Das vertieft Freundschaften.“ Am meisten profitiert offenbar, wer etwa auf Facebook seine realen Beziehungen pflegt. Allerdings können E-Mails Treffen nicht vollständig ersetzen. Um verbindende Gefühlsregungen wahrnehmen zu können, die über Gesten und Mimik transportiert werden, muss man sich sehen. „Wichtig ist, sich mindestens ein- oder zweimal im Jahr zu treffen“, rät Psychotherapeut Krüger. Wer das trotz vollen Terminplans schafft, beweist, dass er sich wirklich für den anderen interessiert.

[...] Meistens bekommt man von denen, die man zu kennen glaubt, nur kalkulierte Ausschnitte zu sehen. Die aufregenden Leben dahinter bleiben unsichtbar. Wer anderen dagegen tiefe Einblicke gewährt, macht sich angreifbar, offenbart Schwächen, gibt Geheimnisse preis. Aber bei wahren Freunden sind sie gut aufgehoben.

Quelle: Michael Kraske: Seite an Seite, in: Stern. Gesund leben, Heft 3/2013, S. 39–43.

Teil I: Lesen

1. Kreuze die richtige Aussage an. Es gibt jeweils nur eine richtige Lösung. 4 Pkt.

   a) Mila erzählt gern Geschichten über
   - ☐ eine Seifenoper.
   - ☐ ihre Schwester.
   - ☐ ihre Freundschaften.
   - ☐ einen Wegbegleiter.

   b) Freundschaften lassen sich durch __________ intensivieren.
   - ☐ spielerischen Umgang miteinander
   - ☐ festgelegte Hierarchien
   - ☐ offenen Austausch von Problemen
   - ☐ flüchtige Schwärmereien

   c) Intimität führt
   - ☐ zur Entstehung von Stress- und Angstreaktionen.
   - ☐ zu einer höheren Ausschüttung von Hormonen.
   - ☐ zur Abschaltung des Belohnungssystems.
   - ☐ zur Kontrolle des Belohnungssystems.

   d) Eine Bedingung für Freundschaften sind
   - ☐ persönliche Treffen.
   - ☐ größere Altersunterschiede.
   - ☐ viele soziale Netzwerke.
   - ☐ E-Mails anstelle von Briefen.

2. Kreuze die richtige Aussage an. Es gibt jeweils nur eine richtige Lösung. 3 Pkt.

   a) „Selbstoffenbarung“ (Z. 30) bedeutet hier,
   - ☐ offen über intime Angelegenheiten zu sprechen.
   - ☐ Vermutungen über sich selbst anzustellen.
   - ☐ sich selbst ein Bild vom anderen zu machen.
   - ☐ dem Freund oder der Freundin alle Fehler zu gestehen.

b) „Isolierungstaktik“ (Z. 102) bedeutet hier, dass

- [ ] Freundschaft und Ehe streng zu trennen sind.
- [ ] sich räumlich getrennte Freunde besser verstehen.
- [ ] sich Männer in Krisensituationen gern zurückziehen.
- [ ] man Frauen und Männer als Freunde trennen soll.

c) „Defizitthemen“ (Z. 119) bedeutet hier: Themen, bei denen es um

- [ ] Nähe und Vertrautheit geht.
- [ ] Gemeinsamkeiten zwischen Freundinnen geht.
- [ ] Unterschiede zwischen Freundinnen geht.
- [ ] Probleme und Schwierigkeiten geht.

3. a) Welche der folgenden Aussagen sind richtig? 2 Pkt.

Im Text steht, dass

A ein Großteil der Menschen von engen Freundschaften profitiert.
B Frauen hormonell bessere Voraussetzungen für Freundschaften haben.
C alle Menschen das gleiche Bedürfnis nach Nähe und Austausch haben.
D zwei Drittel aller Männer einen besten Freund haben.

Kreuze die richtige Antwort an.

- [ ] Nur A und B stehen im Text.
- [ ] Nur A und D stehen im Text.
- [ ] Nur B und C stehen im Text.
- [ ] Nur C steht im Text.

b) Welche der folgenden Aussagen sind richtig? 2 Pkt.

Im Text steht, dass

A Ähnlichkeit bei der Entstehung von Freundschaften keine Rolle spielt.
B Kinder leichter Freunde finden als erwachsene und ältere Menschen.
C selbstbewusste Menschen in der Regel weniger Freunde haben.
D Freundschaften wichtiger sind und länger halten als Ehen.

Kreuze die richtige Antwort an.

- [ ] Nur A und B stehen im Text.
- [ ] Nur B steht im Text.
- [ ] Nur C steht im Text.
- [ ] Nur C und D stehen im Text.

4. Ordne den Zitaten die passenden sprachlichen Mittel zu. 4 Pkt.

Sprachliche Mittel:
Anapher, Antithese, Ellipse, Klimax, Oxymoron, Tautologie

Hinweis: Einige sprachliche Mittel können zu mehreren Textstellen passen, andere zu keiner.

Zitat	**Sprachliches Mittel**
„Nur Katharina." (Z. 9)	
„Das geht gut, solange alles gut geht …" (Z. 87)	
„Sie prahlten gern mit Erfolgen und redeten Schwierigkeiten klein." (Z. 114 f.)	
„Nur so lange interessant zu sein, wie man dem anderen nützt." (Z. 157 f.)	

5. Ordne jeder der folgenden Textstellen das passende Merkmal einer Reportage zu. Trage die passenden Buchstaben in die Tabelle ein. 4 Pkt.

Hinweis: Einige Merkmale können mehreren Textstellen zugeordnet werden, andere keiner.

Mögliche Merkmale:

A Autorenkommentar
B Fazit
C Zahlen, Daten, Fakten, Erläuterungen als Hintergrundwissen
D Expertenmeinung
E erlebnisorientierter Einstieg

Textstelle	**Merkmal**
Zeile 1–14	
Zeile 30–33	
Zeile 102–105	
Zeile 182–184	

6. Nenne drei im Text beschriebene positive Auswirkungen von Freundschaften auf den Menschen. 3 Pkt.

7. Stelle drei Unterschiede in den Verhaltensmustern von Frauen und Männern dar, die im Text erwähnt werden. 3 Pkt.

Bearbeite die folgenden Aufgaben auf deinem Reinschriftpapier.

8. „Ein guter Freund trägt die Sorgen des anderen auf dem Rücken." (Z. 169 f.) Erkläre dieses Sprichwort anhand eines Beispiels. 4 Pkt.

9. Der Psychologe Jaap Denissen vertritt die Meinung, dass soziale Netzwerke im Internet dazu beitragen, wichtige Kontakte aufrechtzuerhalten (Z. 174 ff.). Begründe, ob du seiner Meinung zustimmst oder sie ablehnst. 5 Pkt.

10. Der Autor sagt, dass wir uns in Menschen täuschen können, weil wir „nur kalkulierte Ausschnitte" (Z. 194) der Persönlichkeit zu sehen bekommen. Erläutere, was mit diesen „kalkulierten Ausschnitten" gemeint sein könnte, und gehe hierbei auf beide Teile des Begriffs ein. 6 Pkt.

Teil II: Schreiben

II.A: Textproduktion (Wahlaufgabe)

Wähle **eine** der beiden folgenden Aufgaben aus und bearbeite sie.

a) Die Schulsozialarbeit veröffentlicht eine Broschüre zu jugendlichen Lebenswelten.
Du wirst um eine Stellungnahme gebeten.
Argumentiere, ob für Jugendliche Freundschaften wichtiger als familiäre Beziehungen sein können.
Deine Argumentation soll anhand von Beispielen anschaulich zeigen, welche Bedeutung Freundschaften und familiäre Beziehungen haben können.

oder

b) Im Rahmen deines Praktikums in einer Seniorenwohnanlage bittet man dich um einen Beitrag für die Heimzeitung.
Beschreibe, wie Kontakte in sozialen Netzwerken entstehen und wie sie dort gepflegt werden können.
Deine Beschreibung soll älteren Menschen einen Eindruck vermitteln, welche Möglichkeiten neue Medien bieten, welche Voraussetzungen man dafür braucht und wie man mit ihnen richtig umgeht.

Dein Text (Argumentation oder Beschreibung) wird wie folgt bewertet:

	Punkte
Aufbau / Inhalt (z. B. Überschrift, Einleitung, Hauptteil, Schluss / „roter Faden“)	24
Sprachangemessenheit (Wortschatz, Satzbau, Ausdruck)	12
Sprachrichtigkeit (Rechtschreibung, Grammatik, Zeichensetzung)	4
Summe	**40**

II.B: Sprachliche Richtigkeit

1. Markiere und berichtige die zwölf Rechtschreib- und Zeichensetzungsfehler im Text. Du darfst nicht mehr als zwölf Fehler markieren.
   Notiere die korrekte Schreibung jeweils unter der fehlerhaften Stelle. Der Text enthält keine Fehler zur Getrennt- und Zusammenschreibung. Eigennamen sind korrekt geschrieben. 6 Pkt.

Beispiel:

Nachdem die Wanderer an der Berghütte angekommen waren, ruhten sie sich
fehlendes Komma

aus und schauten sich den ~~sonnenuntergang~~ an.
Sonnenuntergang

Bei einem Erdbeben wakelt die Erde für viele Sekunden oder auch Minuten.

Erdbeben können unterschiedlich stark sein. Jährlich gibt es fasst täglich

zahlreiche Erdbeben doch die meißten sind kaum spührbar. Manche bemerkt

man nur leicht andere wiederum sind so stark, das einzelne Häuser oder aber

auch gantze Städte zerstört werden können. Die Erde besteht aus unterschiedlichen

Schichten: dem glühend heissen Erdkern in der Erdmitte dem darauf liegenden

Erdmantel und der Erdkruste auf der Erdoberfläche. Die Erdkruste ist in viele

einzelne Erdplatten geteilt. Es gibt acht große und viele Kleinere Platten. Sie

sind stendig in Bewegung und wandern in verschiedene Richtungen.

Abgewandelter Text nach: http://www.tivi.de/fernsehen/logo/artikel/10035/index.html, ZDF, 23. 06. 2014; Im Original-Text sind keine Fehler enthalten.

2. Groß- oder Kleinschreibung?
In vier der folgenden Sätze findet sich jeweils ein falsch geschriebenes Wort.
Kreise die falsch geschriebenen Wörter ein. 4 Pkt.

Hinweis: Du darfst nicht mehr als vier Wörter einkreisen.

a) Die Müllabfuhr kam Donnerstags.

b) Er war rechtzeitig zum Lernen daheim, weil er den Bus nahm.

c) Sie fürchteten sich, wenn sie nachts durch den Wald gehen mussten.

d) Es ist am schönsten, zuerst die Sahne vom Kuchen zu essen.

e) Das rot in dem Gemälde stach sofort hervor.

f) Die Kelten waren Meister im bearbeiten von Metall.

g) Das Schönste, was passieren konnte, war eingetreten.

h) Beim Einloggen war das Passwort kurze Zeit sichtbar.

i) Heute Abend hat er schon etwas vor.

k) Im allgemeinen endet die Schule vor den Ferien nach der dritten Stunde.

3. Wähle die Begründung aus, warum an der markierten Stelle ein Komma stehen muss. 5 Pkt.

Begründungen:
A Das Komma trennt bestimmte Infinitivgruppen ab.
B Das Komma trennt Hauptsätze.
C Das Komma trennt Haupt- von Nebensätzen.
D Das Komma trennt wörtliche Rede von Redebegleitsätzen.
E Das Komma trennt Aufzählungen von Wörtern und Wortgruppen.

Hinweis: Einige Begründungen können zu mehreren Sätzen passen, andere zu keinem.

Satz	**Begründung**
Die Fußballstars gelten als taktisch klug, ausdauernd und sprintstark**,** deswegen zählt man sie zu den Favoriten.	
Um zum Campingplatz zu gelangen**,** musste man den Feldweg nehmen.	
Da ich den Regenschirm vergessen hatte**,** musste ich den Weg wieder zurückgehen.	
Sie haben keine Angst im Schwimmbad**,** alle haben das Schwimmabzeichen erworben.	
Ohne Angst zu haben**,** näherte er sich der Klippe.	

4. Setze die Wörter in den Klammern in den richtigen Fall (Genitiv, Dativ oder Akkusativ). Schreibe die Lösung in die Zeile darunter. 5 Pkt.

> **Beispiel:**
>
> *Ein ehrlicher Finder hat die Geldbörse (der Mann) zu (ein Fundbüro) gebracht.*
>
> des Mannes einem Fundbüro

Der Briefwechsel zwischen (Freunde) sollte als regelmäßiger Austausch geführt

werden. Auf diese Art ist es möglich, (eine persönliche Beziehung) trotz

(eine räumliche Entfernung) zu pflegen. (Der Brief) oder (die Karte) kann der

Empfänger beliebig oft lesen und dabei (der Sinn) (die Worte) wesentlich

besser erfassen als bei (ein Telefonat). Umgangssprachliche und bildhafte

Formulierungen beleben den Brief. So kann der Schreiber (seine Gedanken und

Gefühle) nachhaltig Ausdruck verleihen. Einer speziell (festgelegte äußere Form)

folgt der Privatbrief nicht.

Englisch

Listening Comprehension – Transcripts

Hello, this is the listening exam 2011. I am going to give you the instructions for the test.
There are three parts to the listening exam. At the beginning of each part you'll hear this sound: ◀
You may write down your answers at any point during the listening exam.

Part One

In part one you will hear two announcements. You will hear the announcements twice. Before listening to each announcement, you will have 20 seconds to read the tasks. You now have 20 seconds to read the tasks for announcement one.
(20 seconds break)
You are now going to hear the first announcement for the first time. After a short break, you will hear the announcement again. ◀

Announcement 1

It's show time again! Tickets have now gone on sale for the popular Christmas show in Kirby village hall. The Theatre Club, the local drama group, is busy rehearsing for 'Adventure in Santa's Grotto', which will be performed from December 27th until January 2nd. Doors open at 7 p.m. The Theatre Club has a great reputation for fun and lively shows. Tickets cost £7.50 for adults and £4.50 for children, and are available from Kirby post office. Pensioners are invited to watch the show for free on the opening night. So go along and support your local drama group.

You now have 20 seconds to read the tasks for announcement two.
(20 seconds break)
You are now going to hear the second announcement for the first time. After a short break, you will hear the announcement again. ◀

Announcement 2

Come to Alton Towers, Britain's most exciting theme park. With over 2.7 million visitors in 2009, it's one of the most popular adventure parks in Europe. It's a theme park full of rides and adventures for kids of all sizes and adrenaline-addicted adults … It's an absolute must-do day out! Are you brave enough for one of our big rides, such as 'Thirteen', the world's first horizontal freefall rollercoaster, which opened in 2010, or 'Rita', the rollercoaster which holds the speed record at Alton Towers and can reach a speed of 100 kilometres an hour in 2.2 seconds? For wet fun und laughs, try the Congo River Rapids, where staying dry is almost impossible on this wild river. – There is so much to see and do at Alton Towers, so why not come for the weekend and stay in one of the park's two hotels? Both hotels offer superb evening entertainment and children under twelve go free! Buy your theme park tickets online and save 20 % on the price. Come to Alton Towers and make your summer perfect. The fun never stops!

Part Two

> In part two you will hear a series of interviews. You will hear these interviews twice. A reporter is asking pupils and members of staff at St. John's School in Nottingham what they think of the new school canteen.
> Before listening, you will have 20 seconds to read the task. You now have 20 seconds to read the task.
> *(20 seconds break)*
> You are now going to hear the interviews for the first time. After a short break, you will hear the interviews again. You can start working while listening.

"Hello. We're standing in the school canteen of St. John's School in Nottingham. School meals are popular here and we want to find out what the pupils think of their new canteen. First of all, here is Jackie Lovett, dinner supervisor at St. John's School, to explain this change in habits."

"Recipes have changed and – hmm – it's going really well. The newly opened salad bar and pasta bar also give the pupils more choice. Our lunchtime meals are now really tasty, and that's what the pupils like."

"Paul Robson, you are the principal of St. John's School, what is your opinion on the increased popularity of school meals?"

"We're really happy about it. I am particularly pleased that the canteen is also open before school. It is so important that the pupils start the day with a good breakfast."

"And what do the pupils themselves think? Let's see. What's your name?"

"Tom Bakewell. I think school dinners are really good now. They've got better and they are healthier. The only disadvantage is that, now that the canteen is more popular, we have to queue for a long time."

"Yes, that can be annoying. – Thank you, Tom. And who are you?"

"My name's Tracy Firth. What I like is that it's easy to eat here. Sometimes, when I don't have time to make sandwiches at home, I just put money on my card and choose what I want to eat. That's really practical. But what Tom said, though, is also true. I find that by the time I have paid for my meal and found a table to sit at, my food has often gone cold."

"Yes, I understand. Maybe one last pupil – um, what is your name?"

"Julie Bouldon. I think it is too expensive and I don't always want to eat what they're serving. I don't want to eat boring traditional meals, like sausages and potatoes. I like going out of school at lunchtime and eating at the chip shop or burger bar."

"Well, you can't please everybody, can you? OK, over to you, John, in the studio."

Part Three

In part three you will hear an interview between Daniel Jones, a young man from Liverpool, and a reporter. You will hear the interview twice. Before listening to the interview, you will have thirty seconds to read the task. You now have thirty seconds to read the task.
(30 seconds break)
You are now going to hear the interview for the first time. After a short break, you will hear the interview again. You can start working while listening. ◀

INTERVIEWER: Today we've got a rather unusual guest in the studio. His name is Daniel Jones. He comes from Liverpool and he has got a rather odd story to tell. Hello, Daniel. Thank you for coming in today.

DANIEL JONES: Thanks, Amy. Before I start, I just want to say that I am not proud of what I've done and I will always regret my actions.

INTERVIEWER: That's going to get the listeners interested, Daniel! Tell us – what did you do?

DANIEL JONES: I used to steal double-decker buses. I had a difficult childhood and I got in with the wrong gang. We were always causing trouble in our neighbourhood and had problems with the police. Stealing buses was a challenge, and, of course, a big kick.

INTERVIEWER: Isn't it hard to drive a huge bus?

DANIEL JONES: No, not really. The first time, I was eighteen, I think, I just jumped aboard and started pressing all the buttons. I finally found the master switch and got the engine started. It was surprisingly simple. I used to drive them around town. People stared at me and they knew something was wrong, but I never got caught at the beginning.

INTERVIEWER: If you had, maybe things would have worked out differently.

DANIEL JONES: Yes, that's right. A few weeks later, it was around Easter, I took a bus for the last time. I drove to my friend's house in Chester. He couldn't believe it when I arrived outside his house and beeped the horn. I stayed all day and then drove back to Liverpool. On the motorway, I crashed into a lorry. Fortunately, the driver escaped unhurt, but I wasn't so lucky. I broke both my legs and was unconscious. When the police arrived, they realised that the bus had been stolen. I went to prison for three years and this really was a wake-up call. In prison I took educational courses and did all sorts of work. I cleaned toilets, recycled rubbish and washed prisoners' clothes. I wanted to forget about my old life.

INTERVIEWER: This really is an amazing story. How do you feel now that you are out of prison?

DANIEL JONES: I will never steal a bus again, that's for sure. I'm a different person now and I have got new rules. I regret what I did and it was wrong. I have a flat and a job in a department store. I live with my girlfriend, Joanne, and we're going to get married soon. I am happy now, and that's the main thing.

INTERVIEWER: Daniel Jones, thank you for this most interesting interview.

Based on an article from: The Guardian Weekend; 02. 01. 2010, p. 11

You may now continue with the rest of the exam. Good luck!

A Listening Comprehension

Part One

Listen to the announcements and tick (✓) the right statements. There is only one possible answer per item.

Announcement 1

a) The show will be performed in

- ☐ the village hall.
- ☐ the theatre club.
- ☐ the post office.

b) The show runs until

- ☐ January 7th.
- ☐ January 2nd.
- ☐ December 27th.

c) The price for children is

- ☐ £7.50.
- ☐ £4.70.
- ☐ £4.50.

d) The first show is free for

- ☐ children.
- ☐ everybody.
- ☐ pensioners.

Announcement 2

a) In 2009 Alton Towers was visited by over

- ☐ 2.9 million people.
- ☐ 2.7 million people.
- ☐ 2.2 million people.

b) The fastest rollercoaster at Alton Towers is

- ☐ "Rita".
- ☐ "Thirteen".
- ☐ "Congo River Rapids".

c) The two hotels at Alton Towers offer

- ☐ great evening shows.
- ☐ free theme park tickets.
- ☐ a 20 % children's reduction.

d) You will pay less for your entry ticket if you

- ☐ stay overnight in a hotel.
- ☐ buy your tickets online.
- ☐ book a hotel online.

Part Two

Listen to the interviews and write down the positive and negative comments the pupils and staff make about their school canteen. Fill in only <u>one</u> detail per box.

	positive comments	**negative comments**
Jackie Lovett		/
Paul Robson		/
Tom Bakewell		
Tracy Firth		
Julie Bouldon	/	

Part Three

Listen to the interview and write down the information about Daniel Jones's life. Fill in only <u>one</u> detail per box.

Daniel Jones	
childhood	
motivation for stealing buses	
age when he stole the first bus	
city where he stole buses	
reason why he was caught	
time he spent in prison	
jobs in prison	
his feelings about his criminal past	
his job now	
plans for his private life	

B Reading Comprehension

1. Read the advertisements and answer the questions. Give short answers.

Cool and Crazy Summer Camps

Art on the Farm
Cow House Studios is on a real working farm. But their three-week programme is about paintbrushes and pencils, not horses and cows! Young artists help you improve your drawing, painting or photography, and you'll be inspired by the beautiful Irish countryside. There are cultural excursions to Dublin, the Ring of Kerry and the Aran Islands, too.
- Where: County Wexford, Ireland
- How much: € 3,200

Wellspring Activity Camp
If you want to lose a few pounds and need help to find out how, Wellspring might be the place for you. Activities like white-water rafting and mountain-biking make it fun to be fit, and you'll also learn a lot about healthy living. Camps last anywhere from two to twelve weeks.
- Where: Twelve locations in the US, Canada and the UK
- How much: Cost varies (based on location)

Techies Camp
Digital Media Academy has summer camps where you can learn all about digital filmmaking, game design or programming. The camps are held at top universities like Harvard and Stanford. It's even possible to get university credit for your work.
- Where: Universities in the US and Canada
- How much: About € 1,052 per week (minimum two weeks)

Track a Wolf
Follow wolves in the American wilderness! Don't worry, you'll be about a day behind them – and the expert guides know how to stay safe. With the Wolf Tracking Expedition, you'll learn about nature, wildlife and how to survive in the wilderness, while trekking seven days through beautiful landscapes in the US state of Idaho.
- Where: Idaho
- How much: € 649

Adapted from: Spot on, 05/2010, Spotlight Verlag, www.spoton.de

a) What is the best camp to help you get in shape?

____

b) Why is tracking wolves not dangerous?

____

c) How many camps take place in Europe?

___

d) Where can you practise taking photos?

___

e) Which camp is the shortest?

___

f) How many camps take place in the United States?

___

g) Which camp offers different outdoor sports?

___

h) What is special about the universities where Digital Media Academy holds summer camps?

___

i) Which camp offers most possibilities for tourism and culture?

___

k) What do "techies" do at their camp?

___

2. Read the article from an online magazine and tick (✓) the right statement.

The Homework Revolution

By Glen Rock, NJ

A typical weeknight for students across the country: a young boy sits at his desk, reviewing his homework assignments for the evening. English: read three chapters and write an essay. Math: complete 30 problems. Science: do a worksheet, front and back. French: study vocabulary for tomorrow's test. It's going to be a long night.

Do students in the United States receive too much homework? According to guidelines by the National Education Association (NEA), a student should be given no more than 10 minutes per grade level per night. For example, a first grader should only have 10 minutes of homework, a second grader, 20 minutes, and so on. This means that a student in my grade – seventh – should have no more than 70 minutes of work each night. Yet this is often doubled, sometimes even tripled!

According to William Crain, a professor of psychology at City College of New York, "Kids are developing more school-related stomach aches, headaches, sleep problems, and depression than ever before." The average student is glued to his or her desk for seven hours a day. Add two to four hours of homework each night, and they are working a 45- to 55-hour week!

In addition, a student who receives excessive homework "will miss out on active playtime, essential for learning social skills, and proper brain development," says Harris Cooper, a professor of psychology and neuroscience[1] at Duke University.

But why aren't teachers aware of the NEA homework recommendations? Many have never heard of them, have never taken a course about good versus bad homework, how much to give, and the research behind it.

Some teachers believe that assigning more homework will help improve standardized test scores. However, in countries like the Czech Republic, Japan, and Denmark, which have higher-scoring students, teachers give little homework. The United States is among the most homework-intensive countries in the world for seventh and eighth grade, so more homework clearly does not mean a higher test score.

Some schools are already taking steps to improve the issue. For example, Mason-Rice Elementary School in Newton, Massachusetts, has limited homework, keeping to the "10 minute rule". The policy also states, "A night off is better than homework which serves no worthwhile purpose."

So, my fellow Americans, it's time to stop the insanity. It's time to start a homework revolution.

Adapted from: www.teenink.com

1 *neuroscience* = Neurowissenschaften (Lehre vom Aufbau und der Funktion des Nervensystems)

a) In the USA, the National Education Association has stated that the amount of homework a student does should be decided

- ☐ by his/her teachers.
- ☐ by his/her parents.
- ☐ according to his/her school year.
- ☐ according to his/her intelligence.

b) The author, for example, should not spend more than … on his homework.

- ☐ 10 minutes
- ☐ 20 minutes
- ☐ 45 minutes
- ☐ 70 minutes

c) In practice, students often do … times more homework than they should.

- ☐ four
- ☐ two
- ☐ ten
- ☐ five

d) According to the text, some kids have got health problems because of

- ☐ a heavy workload.
- ☐ violence at school.
- ☐ standardized tests.
- ☐ pressure at home.

e) Every day, students spend … at a school desk.

- ☐ 5 hours
- ☐ 6 hours
- ☐ 7 hours
- ☐ 8 hours

f) According to Harris Cooper, playing is important to

- ☐ be able to cope with pressure.
- ☐ avoid sleep problems.
- ☐ fight depression.
- ☐ learn good social behaviour.

g) Some teachers do not know about

- ☐ the homework recommendations.
- ☐ standardized tests.
- ☐ students' health problems.
- ☐ administration pressure.

h) Among the following countries, most homework is given in

- ☐ Denmark.
- ☐ Japan.
- ☐ the Czech Republic.
- ☐ the United States.

i) In the USA there are schools which have already

- ☐ changed their homework policy.
- ☐ changed their teachers.
- ☐ improved test scores.
- ☐ improved homework skills.

k) The author wishes to

- ☐ do the homework.
- ☐ write better tests.
- ☐ criticize the government.
- ☐ protest against homework.

3. Read the text and then answer the questions. Write short sentences.

Jasmine

Jasmine is a girl from Trinidad in the Caribbean who wishes to begin a new life in the USA. This extract describes her first day in this new country.

Jasmine came to Detroit from Port-of-Spain, Trinidad, by way of[1] Canada. She crossed the border at Windsor in the back of a gray van loaded with mattresses and box springs[2]. The plan was for her to hide in an empty mattress box if she heard the driver say, "All bad weather seems to come down from Canada, doesn't it?" to the customs man. But she didn't have to crawl into a box and hold her breath. The customs man didn't ask to look in.

The driver let her off at a scary intersection on Woodward Avenue and gave her instructions on how to get to the Plantations Motel in Southfield. The trick was to keep changing vehicles, he said. That threw off[3] the immigration guys real quick.

Jasmine took money for the cab fare out of the pocket of the great big raincoat that the van driver had given her. The raincoat looked like something that nuns in Port-of-Spain sold in church bazaars. Jasmine was glad to have a coat with wool lining, though; and anyway, who would know in Detroit that she was Dr Vassanji's daughter?

All the bills in her hand looked the same. She would have to be careful when she paid the cab-driver. Money in Detroit wasn't pretty the way it was back home, or even in Canada, but she liked this money better. Why should money be pretty, like a picture? Pretty money is only good for putting on your walls maybe. The dollar bills felt businesslike, serious. Back home at work, she used to count out thousands of Trinidad dollars every day and not even think of them as real. Real money was worn and green, American dollars. Holding the bills in her fist on a street corner meant she had made it in okay. She'd outsmarted[4] the guys at the border. Now it was up to her to use her wits to do something with her life. [...] The girls she'd worked with at the bank in Port-of-Spain had gone green as bananas when she'd walked in with her ticket on Air Canada. Trinidad was too tiny. That was the trouble. Trinidad was an island stuck in the middle of nowhere. What kind of place was that for a girl with ambition?

Mukherjee, Bharati: Jasmine. In: Great Immigrant Stories. Edited by Rudolph F. Rau, Klett, Stuttgart 1995, p. 66/67.

1 by way of = going through
2 box springs = *Sprungfedern*
3 to throw off = *abschütteln*
4 to outsmart sb. = to trick sb.

a) How and where did Jasmine enter the USA? (Name two details.)

b) Where did she plan to hide?

c) How could she avoid being caught when she left the van?

d) What do you know about her family?

---

e) What job had she done in Trinidad?

---

f) What did she think about Trinidad dollars?

---

g) What did American money mean for her? (Name two aspects.)

---

h) What was the reaction of Jasmine's colleagues to her leaving?

C Mediation

In den Sommerferien möchtest du einen Englisch-Kurs in England machen. Du suchst nach einem passenden Kurs im Internet und findest diese Internetseite. Deine Eltern stellen dir hierzu Fragen, die du kurz auf Deutsch beantwortest.

Schreibe die passenden Antworten auf.

a) Auf welchen Gebieten kannst du dich durch den Kurs verbessern? (3 Informationen)

---

b) Welche Themen werden im Unterricht behandelt? (3 Informationen)

---

c) Welche besonderen Aktivitäten werden im Unterricht angeboten? (4 Informationen)

d) Wie werden die Kurse zusammengestellt? (2 Informationen)

e) Was kannst du in der Freizeit dort unternehmen? (3 Informationen)

f) Wie wirst du im Camp untergebracht? (2 Informationen)

g) Wie kommst du vom Flughafen zum Camp?

h) Wie können wir bei der Buchung eine Ermäßigung bekommen?

"English in Action" – Active Learning

Camp Beaumont's English language holidays give students the opportunity to improve their English and their communication skills in an English speaking environment and their knowledge about the history and culture of the country.

The Course: Topics and Activities
Our students work with audio-visual materials and English language IT programmes, they deal with topics such as the environment, entertainment, healthy living or sport.
During the lessons, they take part in discussions, plan and present publicity campaigns, or they research and describe important local or international issues. There are also games, role-plays and competitions at our English summer camps!

Learning Levels and Age Groups
It is important that our students are placed into a class that matches their English language level and with children of a similar age. English classes are split into two age groups (10–13 and 13–17) and three levels of language ability (Early Grade, Performer Grade, Fluent Grade). Summer camp English students are tested on arrival in order to place them into their corresponding level.

Programme
Our free time programme gives you space and time to relax and make new friends. Our combination of adventure activities, special events, exciting excursions and fun evening entertainment make Camp Beaumont the best place to spend some quality time.

Accommodation
Students are accommodated in dormitories according to their age and gender. Dormitories are located in separate houses for boys and girls and vary in size from 2–10 beds, with shared bathroom facilities close by.

Transport
We offer escorted transport from many UK airports, Eurostar and train stations, so your child can be collected and taken to the camp, meeting new friends from Camp Beaumont the minute they arrive in the UK.

Rates
The full price per week/child in summer is £599.
Save £20 per booking when you book online!

Adapted from: http://www.campbeaumont.com/english-language-summer-camps.asp
Photos (from top to bottom): © Monkey Business Images / Dreamstime.com, © Edhar Yralaits / Dreamstime.com, © Halina Yakushevich / Dreamstime.com, © Ivan Kruk / Dreamstime.com

D Use of Language

1. Complete the text with the correct form of the verbs.

Sabrina (stay) __________________ with an English family in London at the moment. Her host family (choose) ____________________ by an agency in Germany last year. She is an au pair for three children, aged 9, 11 and 14. She (start) ______________ on September 9th and she really loves her work. Before she went to London, she (not have) _______________ ________ much experience of looking after children, but she is getting on well. Her English is improving, too. Next June, at the end of her stay, she (take) ______________________ a Cambridge language exam. She has discovered many exciting places in London and (not miss) _________________ much from Germany. She (not see) __________________ her boyfriend for three months, though. On the telephone last night, he said that he (fly out) ______________________ to see her at Easter.

2. Read the text, then tick (✓) the correct words.

Sabrina has an English pen-friend. This is an extract from her first e-mail to her.

The family lives in a semi-detached house, about 20 minutes __1__ underground from Central London. The boys are friendly, but not as well behaved __2__ German children. My day begins at 6 o'clock when I wake the boys and make __3__ breakfast. When everybody has left the house, I tidy up and then sit __4__ the computer and write my e-mails. I enjoy __5__ to a language course on Tuesdays and Thursdays. I make the boys something to eat when they get home at four o'clock. Saturday is my day __6__ and I always spend Sunday with the family. We go swimming, to the cinema or play football. In the evening I help to make a roast dinner, which always smells so __7__. I am really happy here.

1. ☐ on ☐ with ☐ by ☐ in	2. ☐ as ☐ like ☐ than ☐ how	3. ☐ their ☐ they ☐ there ☐ they're	4. ☐ on ☐ at ☐ before ☐ by
5. ☐ to go ☐ going ☐ to going ☐ go	6. ☐ open ☐ free ☐ of ☐ off	7. ☐ best ☐ good ☐ well ☐ better	

E Text Production

Choose one of the following tasks and write about 150 words.
Count your words and write the number at the end of the text.

1. The buskers

Tell the story behind the picture. Write about at least four of the following aspects:

- who the two musicians are,
- the place where they are playing,
- the reactions of the people around them,
- their reasons for playing,
- their daily lives,
- their plans for the future.

Use your imagination.

or

2. Online discussion: The Internet

You have been invited to take part in an online discussion about the Internet with an American school. Write your opening text.

Write about at least four of the following aspects:

- your favourite Internet websites,
- the role of the Internet in your life,
- the role of the Internet in schools,
- the possibilities of the Internet,
- the dangers of the Internet,
- the Internet in the future.

Listening Comprehension – Transcripts

Hello, this is the listening exam 2012. I am going to give you the instructions for the test.
There are three parts to the listening exam. At the beginning of each part you'll hear this sound: ◀
You may write down your answers at any point during the listening exam.

Part One

In part one you will hear two news items. You will hear the news items twice. Before listening to each news item, you will have 20 seconds to read the tasks. You now have 20 seconds to read the tasks for news item one.
(20 seconds break)
You are now going to hear the first news item for the first time. After a short break, you will hear the news item again. ◀

News Item 1

Fauja Singh from east London has become the world's oldest marathon runner after finishing a race in Canada. Singh was born in Jalandhar in northern India on April 1st in 1911 and moved to London in 1992 to live with his son after his wife died. Singh speaks only Punjabi and cannot read or write. He started his running career at the age of 81 after the death of his wife, and last year he became the first person over one hundred to complete a marathon. He ran the Toronto Waterfront Marathon in 8 hours and 25 minutes. Singh is 1 metre 72 tall and weighs 52 kilos. He trains by running ten miles, about 16 km, every day. Mr Singh says that the secret to his fitness and long life is that he has never smoked or drunk alcohol and he follows a strict vegetarian diet. He is extremely happy to have broken the world record.

Adapted from: http://en.wikipedia.org/wiki/Fauja_Singh (07. 02. 2012)
and http://www.bbc.co.uk/news/world-us-canada-15330421 (17. 10. 2011)

You now have 20 seconds to read the tasks for news item two.
(20 seconds break)
You are now going to hear the second news item for the first time. After a short break, you will hear news item two again. ◀

News Item 2

And now for something strange: Seventy-six-year-old Wendy Bishop went to visit her doctor for a routine check-up. During a scan, the doctor found a fifteen-centimetre long object in her stomach. When he asked Mrs Bishop what it could be, she remembered that she had accidentally swallowed a black felt-tip pen 25 years earlier when she had fallen down some stairs. At the time, she told her husband and her doctor what had happened, but x-rays found no sign of the pen. 25 years later, better scanning equipment has found the pen again and doctors have decided to operate in case of damage to the stomach. After such a long time in her stomach, the pen was slightly rusty and the plastic was coming off, but, amazingly, the pen still had usable ink and could write. Mrs Bishop has said that, after all these years, she is going to keep the pen as a souvenir.

Adapted from: http://articles.nydailynews.com/2011-12-19/news/30535949_1_pen-x-rays-stomach (07. 02. 2012)

Part Two

In part two you will hear some friends talking about the summer holidays. You will hear them twice. Before listening, you will have 20 seconds to read the task. You now have 20 seconds to read the task.
(20 seconds break)
You are now going to hear the friends talking for the first time. After a short break, you will hear them again. You can start working while listening. ◀

Ideas for the summer holidays

STUDENT: Stuck at home over the summer holidays while your friends have gone away? Don't panic – you can still have a fun time yourself. Here are some of my friends with their ideas of what to do in the summer holidays.

DAVID: I'm David. Why not start your first garden? You might think gardening is just for old people, but actually it's perfect for teens. It lowers your stress levels and gives you something to be proud of when everything else in your life is going crazy. And you'll enjoy the nice weather at the moment. Talk to your parents about choosing a small bit of the garden for your use.

TINA: Hi, I'm Tina. It's definitely a bit girly, but I like having a health and beauty day. Get out the candles, put on some relaxing music and start off with a luxurious bath. You'll feel totally relaxed afterwards. Oh yeah, don't forget to tell your younger brother to go out on that day.

MICHAEL: My name is Michael. What about waking up late and having a brunch with one or two close friends? Brunch, you know, that mixture between breakfast and lunch. Don't spend all your cash in a restaurant. It's cheaper at home. Do it yourself. Try out these recipes: pancake banana splits and cheesy French toast with ham. You will have a great time with your friends.

BECKY: My name is Becky. I do yoga and I really love it. I can hear you say: "Oh no, not yoga", but you will change your mind once you get in the mood. It's good for your body and great for reducing stress. All you need are some comfortable clothes and a quiet place. With a 'Yoga for Beginners' DVD, you'll feel like a new person.

TOM: My name is Tom and last year I did some volunteer work outside. There are loads of reasons for doing some. You'll meet new people, get into great shape and get a great suntan. It might even give you an idea of what you want to do later on in life.

KAREN: My name's Karen. Why not give your bedroom a new look? It's a big project, but once you get started, it's enjoyable. Take a look around your bedroom and make some changes that will make you happy. You can start by painting the walls in a different colour or by moving some furniture.

STUDENT: As you can see, there is no reason to be depressed just because you are not going on holiday. There's loads to do and most of it doesn't cost a lot.

Adapted from: http://teenadvice.about.com/od/entertainment/tp/things_to_do_during_high_school_spring_break.htm (20. 02. 2012)

Part Three

In part three you will hear an interview between Andrew Finchley and a reporter. You will hear the interview twice. Before listening to the interview, you will have thirty seconds to read the task. You now have thirty seconds to read the task.
(30 seconds break)
You are now going to hear the interview for the first time. After a short break, you will hear the interview again. You can start working while listening.

Interview

REPORTER: Good morning. Today, we have left the BBC studios and have travelled to the Olympic Park in east London, where the London Summer Olympics will take place. I'm joined by Andrew Finchley, who is a member of the London 2012 Organising Committee. He is going to show me around the Olympic and Paralympic Village, where the athletes will stay during the Games. Good morning, Mr Finchley.

ANDREW FINCHLEY: Good morning.

REPORTER: We're standing in the middle of the Olympic Village. I must say, it's very impressive.

ANDREW FINCHLEY: Yes, you're right, it's lovely.

REPORTER: What can you tell me about the Village?

ANDREW FINCHLEY: Well, work started on the Village in June 2008 and was completed in January 2012 at a cost of 1.1 billion pounds. During the Games, it will be the home of up to 17,000 athletes and officials from more than 200 countries. They will live in over 2,800 apartments with their own balconies. There are also shops, restaurants, cinemas, a bowling centre and a nightclub. The Village also has a plaza, or central square, where athletes will be able to meet their friends and family.

REPORTER: It's hard to imagine what it will be like here in the summer. It's so peaceful now!

ANDREW FINCHLEY: Yes, you're right. During the four weeks of the Games, there will definitely be a party atmosphere here. Look up at this apartment building in front of us. The views are spectacular. You can see the Olympic Stadium and the Aquatics Centre. The athletes will be able to walk to some of the events. If they want to go into central London, they will take the high speed train shuttle service. The journey to King's Cross only takes seven minutes.

REPORTER: There are no kitchens in the apartments at the moment. Why is that?

ANDREW FINCHLEY: We wanted to use the space for bedrooms. The athletes will be fed centrally within the Village. Can you see that huge tent over there? That is going to be one of the restaurants, providing seating for 5,000 in total. They will be open twenty-four hours a day and serve food for all the athletes' dietary requirements.

REPORTER: What will happen to the Village after the Games?

ANDREW FINCHLEY: It will be renamed East Village and it will become London's newest and trendiest neighbourhood. The apartments will be transformed into 2,800 new homes for families, located within a magnificent park with over 4,000 trees.

REPORTER: The whole Olympic Park is going to be an exciting new tourist magnet for London. Mr Finchley, thank you for your time today.

Adapted from: http://www.london2012.com/games/venues/olympic-and-paralympic-village.php (20. 02. 2012) and http://www.thesun.co.uk/sol/homepage/features/3982410/The-Suns-first-look-at-0lympic-Athletes-Village.html (20. 02. 2012)

You may now continue with the rest of the exam. Good luck!

A Listening Comprehension

Part One

Listen to the news items and tick (✓) the right statements.
There is only one possible answer per item.

News Item 1

a) Fauja Singh was born in

- ☐ England.
- ☐ Canada.
- ☐ India.

b) Singh speaks only Punjabi and

- ☐ can read but not write.
- ☐ cannot write or read.
- ☐ can write but not read.

c) He ran the Toronto Waterfront Marathon in less than

- ☐ seven hours.
- ☐ eight hours.
- ☐ nine hours.

d) Singh does not eat

- ☐ vegetables.
- ☐ meat.
- ☐ fruit.

News Item 2

a) Mrs Bishop went to the doctor's because

- ☐ of a stomach problem.
- ☐ she had had an accident.
- ☐ she needed a check-up.

b) The size of the pen found by the doctor was

- ☐ 25 cm.
- ☐ 15 cm.
- ☐ 5 cm.

c) The doctors will operate because of the risk

- ☐ at her old age.
- ☐ of damage to the stomach.
- ☐ of ink in the stomach.

d) After twenty-five years the pen

- ☐ could still write.
- ☐ did not work.
- ☐ was not rusty.

Part Two

Some friends are talking about the summer holidays.
Listen and write down the friends' ideas for the holidays and why they have chosen these ideas.
Fill in only one detail per box.

	holiday idea	**reason why**
David		something you can be proud of
Tina	a health and beauty day	
Michael	a brunch with friends at home	
Becky		
Tom	volunteer work outside	
Karen		makes you happy

Part Three

Listen to the interview and write down the information about the Olympic and Paralympic Village.
Fill in only <u>one</u> detail per box.

month and year work started on the village	
number of apartments for the athletes	
places to go/things to do in the Olympic Village (two details)	
view from the athletes' apartments	
transport to central London	
organization of the athletes' meals (two details)	
new name of the Olympic Village after the Games	
future of the apartments after the Games	

B Reading Comprehension

1. Read the text and match each part of the text to the correct heading.

Magical trip through the boy wizard's world (By John Bilstein)

Welcome to the new theme park at Universal Studios in Orlando, Florida: *The Wizarding World of Harry Potter!*

A *The Wizarding World of Harry Potter* opened last year, and thousands of visitors have already passed through the gates. The park has the little houses and cobbled streets of an old English town. Universal Studios invested around $ 250 million and took five years to recreate the land of Harry Potter whose attractions look just like they do in the films.

B The village has the shops where Harry Potter and his friends buy their wizard equipment. The shops will sell you anything from Hogwarts school uniforms to *Nimbus 2000* broomsticks. You can even find the right magic wand for you. They don't work of course, so your money is better invested in some wonderful Harry Potter sweets.

C If you're really hungry, *The Three Broomsticks* restaurant has good British food like fish and chips, Cornish pasties and shepherd's pie. *The Hog's Head* pub serves all kinds of beer and the non-alcoholic Harry Potter favourite, *Butterbeer.*

D The theme park has three rides, *The Dragon Challenge,* an exciting roller coaster, *The Flight of the Hippogriff,* which is suitable for younger visitors, and the main attraction, *Harry Potter and the Forbidden Journey.* This is an ultra-modern ghost train with brilliant technology. While waiting you pass through Hogwarts Castle's dungeons and Professor Dumbledore's office. You can also take part in a *Quidditch* match, the game Harry Potter likes to play.

E Daniel Radcliffe, who plays the boy wizard in the film, was at the theme park for the opening ceremony. "What Universal Orlando has done with Harry Potter is really, really fantastic," he said. "We're all very grateful that the world of Harry Potter can live on here."

Adapted from: *Read On,* August 2010

Match each part of the text (A–E) to the correct heading. There are two headings more than you need.

heading	part of the text (letter)
ATTRACTIONS	
UNIVERSAL STUDIOS' NEXT PROJECT	
UNUSUAL PURCHASES	
A NEW THEME PARK	
WIZARDING FOOD	
ACTOR'S PRAISE	
LIFE ENTERTAINMENT SHOWS	

2. Read the article and tick (✓) the right statement.

London's dark waters

The Tudors[1] skated on it. The Victorians[2] went to the loo in it. And it was the scene of a *James Bond* boat chase – London's famous river, the Thames.

Today, the river is a tourist attraction – on its banks you can see wonderful old palaces, cathedrals, glass skyscrapers and trendy restaurants and nightclubs.

But the Thames is much more than fun and beauty. Without it, London might not even exist! Some historians believe the Romans founded *Londinium* in the year 50 AD because they thought the river would make trade possible.

Over the centuries, the Thames has gone through many changes.

In 1536, King Henry VIII went sleigh riding on the ice. Thirty years later, his daughter Elizabeth I took long walks on the frozen river. By 1608, London was enjoying frost fairs on the Thames – carnivals on ice with merry-go-rounds, puppet shows and even donkey racing!

Soon the river would play a more serious role. In 1666, the Great Fire of London destroyed thousands of houses and left 100,000 people homeless. Londoners escaped the fire on the river – many of them sitting in boats until it was over.

Less than two centuries later, the river became a stink bomb – thanks to flush toilets. Thousands of people died of disease from the dirty water. Today we know that flushing waste into the river is a bad idea. The Victorians were just happy to flush it away from their houses.

The name "Thames" probably comes from a very old word meaning "dark water" because of the river's muddy colour. But the Thames is dark in other ways, too. There's a dark, troubled side that visitors to London often forget: In the 17th and 18th century, the banks of the river at Wapping were known as *Execution Dock.* Murderers and robbers were hanged – and the bodies of the most notorious pirates were left hanging in metal cages as a warning to others. Around this time the river got its own police force to keep it free of pirates and looters[3].

On your next London visit, if you take a walk under the lights on the South Bank or paddle a kayak past the Houses of Parliament, you might see the river in a new light.

Adapted from: *Spot on,* May, 2011. p. 28/29

1 Tudors: a family of English kings and queens (1485–1603)
2 Victorians: The English who lived in times of Queen Victoria (1837–1901)
3 looters: *Plünderer*

a) Today, on the waterside of the River Thames you can see

☐ old towers.
☐ trendy shops.
☐ famous theatres.
☐ places to eat.

b) For the Romans, the River Thames was

☐ a tourist attraction.
☐ fun and beautiful.
☐ important for commerce.
☐ not existent.

c) King Henry VIII went … on the frozen river.

- [ ] to a frost fair
- [ ] sleigh riding
- [ ] walking
- [ ] skating

d) Many public festivals took place on

- [ ] the frozen river.
- [ ] boats on the river.
- [ ] the banks of the river.
- [ ] the meadows near the river.

e) During the Great Fire of London many Londoners

- [ ] jumped into the river.
- [ ] swam to the other side.
- [ ] used boats to save themselves.
- [ ] swam in the river until the fire was over.

f) A great invention of the Victorian time was the so-called

- [ ] stink bomb.
- [ ] flush toilet.
- [ ] Victorian flush.
- [ ] "Flush it away".

g) In about 1850 a lot of people died of illnesses. This was because of

- [ ] a lot of waste in the streets.
- [ ] polluted water.
- [ ] the Great Fire.
- [ ] bad food.

h) "Thames" is possibly the old version of the words

- [ ] dark water.
- [ ] dirty water.
- [ ] muddy water.
- [ ] muddy side.

i) The banks of the River Thames around Wapping were a place where

- ☐ murderers were convicted.
- ☐ pirates were warned.
- ☐ murderers were executed.
- ☐ innocent people were hanged.

k) The River Police was founded

- ☐ to keep the river free of robbers and pirates.
- ☐ to keep the river free of traders and thieves.
- ☐ as a warning to citizens to keep away from the river.
- ☐ because the bodies of pirates were left hanging in cages.

3. Read the text and then answer the questions. Write short sentences.

The absolutely true diary of a part-time Indian

Arnold Spirit is a Native American teenager who lives in a town called Wellpinit on the Spokane Indian Reservation. Hoping for a better future, he decides to go to the all-white Reardan High School outside the reservation. In this scene his school basketball team has just played against his hometown team, the "Wellpinit Redskins".

The buzzer sounded. The game was over. We had killed the Redskins. Yep, we had humiliated[1] them. We were dancing around the gym, laughing and screaming and chanting. My teammates [...] lifted me up on their shoulders and carried me around the gym. I looked for my mom, but she'd fainted again, so they'd taken her outside to get some fresh air. I looked for my dad. I thought he'd be cheering. But he wasn't. He wasn't even looking at me. He was all quiet-faced as he looked at something else. So I looked at what he was looking at. It was the Wellpinit Redskins, lined up at the end of their court, as they watched us celebrate our victory. I whooped[2]. We had defeated the enemy! We had defeated the champions! [...]

And then I realized something. I realized that [...] all of the seniors on our team were going to college. All of the guys on our team had their own cars. All of the guys on our team had iPods and cell phones and PSPs and three pairs of blue jeans and ten shirts and mothers and fathers who went to church and had good jobs. Okay, so maybe my white teammates had problems, serious problems, but none of their problems was life threatening. But I looked over at the Wellpinit Redskins, at Rowdy. I knew that two or three of those Indians might not have eaten breakfast that morning. No food in the house. I knew that seven or eight of those Indians had a father who dealt crack and meth[3]. I knew two of those Indians had fathers in prison. I knew that none of them were going to college. Not one of them. And I knew that Rowdy's father was probably going to beat the crap out of him[4] for losing the game. I suddenly wanted to apologize to Rowdy, to all of the other Spokanes. I was suddenly ashamed that I'd wanted so badly to take revenge on them. [...] I jumped off my white teammates' shoulders and dashed into the locker room. I ran into the bathroom, into a toilet stall and threw up. And then I wept like a baby. Coach and my teammates thought I was crying tears of happiness. But I wasn't. I was crying tears of shame. I was crying because I had broken my best friend's heart.

Sherman Alexie, The absolutely true diary of a part-time Indian, Andersen Press, London 2008, p. 194

1 to humiliate: to make someone look like an idiot
2 to whoop: to shout with joy
3 crack, meth: types of drugs
4 to beat the crap out of somebody: to beat someone badly

a) Why were the players of Arnold's team so happy?

____

____

b) What had happened to Arnold's mother?

____

____

c) What was Arnold's father looking at?

____

____

d) Why was the boy looking for his parents?

____

____

e) Describe the social background of the two teams' players:
- the "Reardan" team (one detail)

  ____

- the "Wellpinit Redskins" (two details)

  ____

  ____

f) What relationship did the boy have with Rowdy?

____

____

g) Why was the boy ashamed at the end? (two reasons)

____

____

____

C Mediation

Du planst eine Reise mit deiner Familie nach Neuseeland. Da ihr im Mutterland des *Bungy Jumpings* dieses Abenteuer unbedingt selbst ausprobieren wollt, erkundigst du dich auf der Internetseite von *Kawarau Bridge Bungy* nach näheren Einzelheiten. Beantworte die Fragen deiner Geschwister kurz auf Deutsch.

Schreibe die passenden Antworten auf.

a) Warum ist die Kawarau Bridge so berühmt? (zwei Fakten)

b) Unter welchen Voraussetzungen dürfen auch Kinder springen? (Nenne zwei.)

c) Welche Bedingung müssen wir erfüllen, wenn wir zu zweit springen wollen?

d) Welche besondere Kleidung ist erforderlich?

e) Was bekommen wir alles für die $ 180 geboten? (drei Informationen)

f) Wie kommen wir zur Kawarau Bridge? (zwei Möglichkeiten)

g) Was wird über die Sicherheit der Anlage gesagt? (zwei Aspekte)

Kawarau Bridge Bungy

The Kawarau Bridge is home to the original 43 metre Bungy Jump. If you have heard of Bungy Jumping, you have heard of the Kawarau Bridge. It is the place where Bungy Jumping founders AJ Hackett and Henry van Ash started it all.
The world's first and most thrilling leap is still popular with tens of thousands of people Bungy jumping each year. At the world's best-loved Bungy jumping site, the choice is yours: tandem or solo.

Bungy statistics
- World's 1st Commercial Bungy Jump
- 43 m jump off the historic Kawarau Bridge
- Queenstown's only Tandem Bungy

What you need to know
Age: minimum 10 years (Children 15 and under need to be accompanied by an adult)
Weight: minimum 35 kg – maximum 235 kg
Tandem jumps: total weight difference must NOT be more than 30 kgs.
Clothing requirements: none
Medical considerations: Please read all medical considerations on our Safety Page.

Pricing
All prices include Bungy Jump, Certificate and Authentic Bungy Jumper T-shirt.
Adult $ 180
Child/Student $ 130
Family (2 Adults + 3 Children) $ 490

Location & Transportation
Self-Drive: Located on SH6 in the Gibbson Valley just 20 minutes from Queenstown and 30 minutes from Cromwell.
Transportation included: A bus pick up is available from the Station Building on the corner of Camp and Shotover Streets in the centre of Queenstown. Trips depart daily at 9 am, 12 pm and 3 pm. Check-in 30 minutes before departure.

The Proof – Your Photos and Video
We capture state-of-the-art photos and video footage for every Bungy jumper.
Photos: $ 45
DVD: $ 45
Photo and DVD Pack: $ 80

Safety
We were the first in the world to get an award for exceptional safety and the quality assurance of our products.
You want the proof? We have a safety record with more than 1 million jumps and swings in over 20 years of business.

Adapted from: AJ Hackett Bungy
Photo: http://en.wikipedia.org/wiki/File:Kawarau_River_bungy.JPG, Mat Cross, 2007. Lizenziert unter cc-by-sa-3.0 unported

D Use of Language

1. Complete the text with the correct form of the verbs.

An evening adventure

Pete (pick up) ____________________ me ____________________ at seven o'clock last night. But the car (break down) ____________________ on the way to the cinema. Pete said that the car (belong) ____________________ to his parents. After Pete (phone) ____________________ his dad for help, we walked to the nearest pub.

If Pete's dad had come immediately, we (arrive) ____________________ in time for the film at the cinema. In the pub, we (serve) ____________________ by a friendly Australian. I (never be) ____________________ to Australia, but I would like to go. (you/know) ____________________ any friendly Australians?

2. Read the text, then tick (✓) the correct words.

The pub __1__ we had a drink was called the "Red Lion". Pete and I spent a lot of time __2__ in the pub. Pete's dad arrived and he fixed the car __3__. Pete was embarrassed about the car and __4__ the drive home he kept apologising. I think Pete's dad was not as worried about the car __5__ Pete. I haven't seen Pete __6__ that evening. I am really looking forward __7__ him again, however.

1.	2.	3.	4.
☐ which	☐ talking	☐ easy	☐ while
☐ whose	☐ talk	☐ easier	☐ during
☐ who	☐ talked	☐ easiest	☐ in
☐ where	☐ to talk	☐ easily	☐ by
5.	**6.**	**7.**	
☐ like	☐ for	☐ to see	
☐ how	☐ on	☐ to seeing	
☐ as	☐ since	☐ seeing	
☐ than	☐ until	☐ see	

E Text Production

Choose one of the following tasks and write about 150 words.
Count your words and write the number at the end of the text.

1. **Tell the story behind the picture.**
   Write about the following aspects:

   - the boy's situation,
   - the letter,
   - his thoughts and feelings,
   - what will happen.

   Use your imagination.

Filmszene aus "Boy A" © ddp images

or

2. **Computer games**

   You have just read an article about computer games. The author thinks that they are addictive and a bad influence on teenagers but millions of kids think they are great fun. What do you think?

   Write a letter or an e-mail in response to the article.

   Write about the following aspects:
   - your and your friends' experience with computer games (also online games),
   - the joys and dangers of computer games,
   - your parents' or your family's opinion about computer games,
   - the importance of computer games in the future.

http://www.us.ayushveda.com/wp-content/uploads/2009/06/sleepless-with-computer-games.jpg/ 08.03.2012

Listening Comprehension – Transcripts

Hello, this is the listening exam for 2013. I am going to give you the instructions for the test. There are three parts to the listening exam. At the beginning of each part you'll hear this sound: ◀
You may write down your answers at any point during the listening exam.

Part One

In part one you will hear two news items. You will hear the news items twice. Before listening to each news item, you will have 20 seconds to read the tasks. You now have 20 seconds to read the tasks for news item one. *(20 seconds break)*
You are now going to hear the first news item for the first time. After a short break, you will hear the news item again. ◀

News Item 1: US Air Guitar Championships

The 2012 US Air Guitar Championships got off to an electric start last night in New York City. Twenty-two hopeful rockers played their hearts out to a crowd of three thousand enthusiastic supporters. The winner of the night was Matt 'Aristotle' Burns, who will now compete at national level in Denver, Colorado. Matt said that he had even started playing the real guitar to get better at the air guitar. Matt chooses the song he wants to play about six months before the competition and then practises for about four hours every day. The rules of the competition are simple: Each performance must last for 60 seconds and the instrument must be invisible and a guitar. The player gets points in three different areas: technical skill, stage performance and for a quality called 'airness'. The winner of the national championships in Colorado will represent the United States at the World Championships in Finland on August 24th, where air guitar heroes from twenty-four countries will meet. For more information about this competition, go to www.usairguitar.com.

Adapted from: Air Guitar Championships in New York. CBS News, June 22, 2012; Air guitar players rock out for US Championships. In: The Telegraph, June 22, 2012.

You now have 20 seconds to read the tasks for news item two. *(20 seconds break)*
You are now going to hear the second news item for the first time. After a short break, you will hear news item two again. ◀

News Item 2: World Santa Claus Congress

The 52nd World Santa Claus Congress will take place this year over four days starting July 22nd. 150 Santas from twelve different countries will meet at Bakken, Denmark's oldest and most famous amusement park. Here they will recreate a Christmas atmosphere and have fun in the sun, at a time of the year when they are not so busy. The event attracts thousands of tourists who are happy to celebrate Christmas in summer. The congress is also a professional forum, however, where the Santas have the opportunity to meet, exchange experiences and network. The Santas also get involved in many public activities as well as charity work. The highlight is the traditional parade through the centre of Copenhagen, the capital of Denmark. The first congress was organised in 1957 by legendary Danish artist and entertainer Professor Tribini, who did not believe that Christmas should happen only once a year. The World Santa Claus Congress is Christmas fun – in the middle of summer.

Adapted from: World Santa Claus Congress, URL: http://www.worldsantaclauscongress.com/whatis_eng.html (14.03.2013)

Part Two

In part two you will hear some people talking about what they think of mobile phones in schools. You will hear this twice. Before listening, you will have 30 seconds to read the task. You now have 30 seconds to read the task. *(30 seconds break)*
You are now going to hear the people talking for the first time. After a short break, you will hear them again. ◀

Interviews: Mobile phones in schools

REPORTER: Today I am reporting from Chumley High School. I am here to find out what pupils, parents and teachers think about the use of mobile phones in schools. Good afternoon, everyone. Thank you for your time. It would be great if you could just introduce yourselves quickly and then say whether you are for or against mobile phones in schools.

MRS PARKINSON: My name is Mrs Parkinson. Yes, I definitely approve of mobile phones in schools. Both my husband and I work and so it is important that our daughter Suzie can contact us if there is a change in her plans – if band practice is cancelled, for example. I don't want her standing out in the dark and cold in the winter. It's dangerous.

MR BEXON: Hello. My name is Mr Bexon and I am for mobile phones in schools. I think you need to teach the pupils responsibility. Later in life, when they grow up and have a job, their boss isn't going to take away their phone if they use it. We expect kids to know when to use it and when not to use it.

DEREK: My name is Derek and I am 16 years old. Yes, of course I want to use my mobile phone in school. I can't live without my phone. It's got all my music on it and I can keep up to date with my friends, because texting is free. My phone is also useful in school. It's my calculator, my calendar, my notebook and Internet access.

JULIE: My name is Julie. I am against phones in schools. On my last school trip I fell asleep on the bus on the way home. One boy filmed me while I was sleeping and uploaded the clip on Facebook that evening. The next day it was really embarrassing for me. I didn't know I snored that loudly. I got him to delete the film.

MARK: My name is Mark. I don't really care if pupils use their mobile phones or not. If you are busy writing a text message in the geography lesson and you aren't paying attention, then that's your problem. It doesn't bother me if a phone goes off in the lesson.

MR JOHNSON: My name is Mr Johnson and I am a French teacher. I do not approve of mobile phones in lessons. Last year, I let a pupil sit a test before the rest of the class, because he had a school football match that afternoon. Later that day I discovered that he had taken a photo of the test with his phone camera and sent it to other pupils in his class for £5 a copy. I couldn't believe it!

REPORTER: As you can see, there are arguments for and against having mobile phones in schools.

Adapted from: Debate.org. URL: http://www.debate.org/opinions/should-cell-phones-be-banned-in-educational-institutions (14.03.2013); Jennifer Radcliffe: Schools try to draw the line for wired kids. In: Houston Chronicle, August 14, 2005.

Part Three

In part three you will hear an interview between the sailor Jessica Watson and a reporter. You will hear the interview twice. Before listening to the interview, you will have 30 seconds to read the task. You now have 30 seconds to read the task. *(30 seconds break)*
You are now going to hear the interview for the first time. After a short break, you will hear the interview again. ◀

Interview: Jessica Watson

REPORTER: Today in the studios we have the Australian Jessica Watson, who, in 2010, became the youngest person to sail non-stop around the world on her own. Welcome to the show, Jessica!

JESSICA: Thank you. It's great to be here.

REPORTER: Tell us – what was it like to sail into Sydney Harbour after seven months at sea?

JESSICA: It was an amazing feeling. I couldn't believe how many people had come to the harbour to support me. There were 75,000 cheering spectators.

REPORTER: When did you start your journey and how long did it take?

JESSICA: Well, I left on the 18th of October and, 36,000 km later, after 210 days, I arrived back in Sydney Harbour. It was the 15th of May, three days before my seventeenth birthday.

REPORTER: Wow! What an adventure!

JESSICA: Yes, you're right, but it was also really hard at times. I went through a number of really bad storms, with 10-metre waves and winds of 130 km/h. My boat was knocked over several times and on one occasion the mast was deep in the water. That was scary.

REPORTER: Were you not lonely?

JESSICA: Yes, but I kept in contact with friends and family via my blog on Facebook and I also had a satellite telephone. It wasn't all terrible, either. There were also moments of incredible beauty, where I was really amazed by nature. You cannot imagine how bright the night sky is in the middle of the ocean, with thousands of stars over your head. Once, a shooting star passed right above my boat. That had to be a good luck sign. Seeing a blue whale come up for air right next to my boat was also incredibly exciting. They are such beautiful creatures.

REPORTER: Yes, that certainly is a unique experience. What can you tell us about your boat?

JESSICA: Well, her name is *Ella's Pink Lady*. On board I had computers for navigation, of course, but also solar panels and a wind generator to make electricity. The cabin was small and I needed the space for food and equipment. I had to do repairs myself and had to mend the mainsail twice and also the stove and toilet.

REPORTER: One last question: Why did you want to sail around the world on your own?

JESSICA: I wanted to challenge myself and achieve something to be proud of. And yes, I wanted to inspire people. I wanted to show what a 'little girl' could do.

REPORTER: If you want to find out more about this young lady's incredible journey, then read her book, which is called *True Spirit* and is published by Hachette Australia. Jessica Watson, thank you for being on the show today.

Adapted from: David Batty: Jessica Watson, the girl who sailed round the world, comes home to cheers. In: guardian.co.uk, 15 May 2010; National Australia Day Council, URL: http://www.australianoftheyear.org.au/honour-roll/#browse:view=fullView&recipientID=485 (14.03.2013) http://www.guardian.co.uk/world/2010/may/15/jessica-watson-sailed-world-home (14. 03. 2013)

You may now continue with the rest of the exam. Good luck!

A Listening Comprehension

Part One

Listen to the news items and tick (✓) the right statements.
There is only one possible answer per statement.

News Item 1: US Air Guitar Championships

4 pts.

a) The number of participants at this year's US Air Guitar Championships was

- ☐ 22.
- ☐ 24.
- ☐ 60.

b) The winner will take part in the national competition in

- ☐ New York.
- ☐ Finland.
- ☐ Denver.

c) The performance should last for

- ☐ 1 minute.
- ☐ 2 minutes.
- ☐ 3 minutes.

d) The participants also get points for their

- ☐ musical performance.
- ☐ technical skill.
- ☐ instrumental qualities.

News Item 2: World Santa Claus Congress

4 pts.

a) The number of the countries participating in the Santa Claus Congress is

- ☐ 12.
- ☐ 22.
- ☐ 150.

b) Many tourists come to the congress because they want to

- ☐ take part in the Christmas parade.
- ☐ exchange Christmas experiences.
- ☐ celebrate Christmas in summer.

c) At the congress, Santas have time to

- ☐ celebrate Christmas and give presents.
- ☐ have fun and be busy in the sun.
- ☐ make contacts and do charity work.

d) The idea of the first congress was to

- ☐ get tourists involved in charity work.
- ☐ have Christmas more than once a year.
- ☐ create a famous professional forum.

Part Two

Listen to the interview. Some people are talking about what they think of mobile phones in schools. Who thinks what? Write the correct letters in the chart.
Be careful, you will need one sentence per person, except for one person who has two sentences. 7 pts.

A Some people cheat with mobiles in tests.

B It's up to you if you use your phone in the lesson or not. I don't care.

C There are features on my mobile that I can use at school.

D School kids have to learn when to use their mobile phones.

E Mobile phones help you to keep in contact with your children.

F Some kids film other kids without their knowledge – that's mean.

G I need to keep in touch with my friends.

<table>
<tr><th>Mrs Parkinson</th><th>Mr Bexon</th><th colspan="2">Derek</th><th>Julie</th><th>Mark</th><th>Mr Johnson</th></tr>
<tr><td></td><td></td><td></td><td></td><td></td><td></td><td></td></tr>
</table>

Part Three

Listen to the interview and write down the information about the sailor Jessica Watson.
Fill in only one detail per box.

10 pts.

year of her trip	
where she landed on her return to Australia	
how long her trip lasted	
her age when she arrived back in Australia	
a scary moment during her trip	
how she kept in contact with family/friends	
a beautiful moment at sea	
where the boat got its electricity	
reason why she sailed alone	
name of her book	

B Reading Comprehension

1. Chilling in the Blue Mountains

A The last time I checked out Australia on the Internet, my first hit was a tourism video about New South Wales. It was lovely, but there were a lot of bush fires. Some like it hot, but if you prefer the cooler side of Australia, you should travel to the Blue Mountains. This forest wilderness is between 200 and 1,400 metres above sea level. So the weather is nice and warm in the summer, but it will not bake you.

B The Blue Mountains are breathtaking in more ways than one. For a start it's absolutely beautiful there and secondly it smells of eucalyptus oil. In fact there is so much eucalyptus oil and dust in the atmosphere that it scatters the sun's ultraviolet rays making the sky look even bluer. That's how the Blue Mountains got their name.

C Many bus companies in Sydney offer day trips to the area at under AUS $ 100 a head, and they all sound like great fun. The standard tours usually begin with a visit to the wonderful Featherdale Wildlife Park where you can make friends with native Australian animals in their natural environment. Here you can cuddle pet kangaroos and you can even have your photo taken with a tame koala.

D More adventurous people can go on eco tours with companies like *Tread Lightly*. They specialise in nature trails, bushwalks and local heritage tours, where you come face to face with the giant eucalyptus of the Blue Mountains, which can grow to nearly 70 metres. This area has been inhabited by the aboriginal peoples of Australia for thousands of years.

E From Katoomba, the Blue Mountains' main tourist resort, you can go on a ride through the jungle on the Skyway cable car, or you can zoom down the mountainside on the Katoomba Scenic Railway, the steepest rail track anywhere. But the best way to finish the day is to cruise the Paramatta River, which takes you towards Sydney.

Adapted from: *Read On,* August 2009, p. 3

Match the correct heading to each part of the text.
Be careful – there are two headings more than you need. 5 pts.

part of the text (letter)	heading
	WAYS TO MOVE ON LAND, ON WATER AND THROUGH THE AIR
	HOW TO SAIL A SKYWAY CABLE CAR
	GETTING CLOSE TO AUSTRALIA'S ANIMAL POPULATION
	BLUE MOUNTAINS – HOT OR NOT?
	THAT'S WHY THEY ARE CALLED THE BLUE MOUNTAINS
	TRAVEL ON FOOT TO NATIVE CULTURE AND NATURE
	ONLY ONE THOUSAND WOLLEMI TREES LEFT

2. Read the article and tick (✓) the right statement.

10 pts.

Fraser Island dingoes – to feed or not to feed

Fraser Island, 15 km off the coast of Queensland, Australia, is famous for its dingoes. But after attacks by the wild dogs, the state government took steps to protect visitors.

The dingoes on Fraser Island are special: living on an island has meant that they have not crossbred as much as dingoes on the mainland. Asian seafarers first brought the wild dogs to Fraser Island about 4,000 years ago. On the mainland, the original dingoes bred with domestic dogs brought by European settlers and very few pure dingoes remained there. The Australian Dingo Conservation Association says that 90 % of dingoes in Australia today are now crossbreeds.

Although they look like ordinary dogs, dingoes are wild animals, and can be dangerous. In 1980, a dingo killed a baby it had taken from the tent of a family that was camping near Uluru. Ten years before that, 9-year-old Clinton Cage was killed by two dingoes near a camping ground on Fraser Island.

After Clinton Cage was killed, the Queensland Government took action. Some dangerous dingoes were killed, fences were put up around holiday resorts and camping grounds and big fines introduced for anyone who feeds the dingoes.

Dingoes like human food. They are always looking for an easy way to get something to eat. In addition, some visitors to Fraser Island feed the dogs because they look so thin. The animals get used to human food and lose their hunting skills. They also lose their natural fear of humans. They start to go to camping grounds, picnic areas and holiday resorts to search for food. These dingoes can easily become aggressive and may attack people, especially children. Dingoes that attack humans are shot by rangers, so feeding them is definitely not helping them.

Jennifer Parkhurst, a wildlife photographer and founder of the *Save Fraser Island Dingoes* group, has carried on feeding the island's wild dogs, and has been fined AUS $40,000 for doing it. She says: "Feeding the animals makes them less, not more aggressive."

However, the Queensland government insists that the dingoes are not starving, but are slim like greyhounds. Its advice to visitors is: "There is no need to feed dingoes. Feeding a dingo – even just once – has serious consequences for people and the dingo."

Adapted from: Moya Irvine: "Fraser Island dingoes – to feed or not to feed". In *Read On,* May, 2011. p. 28/29
Photo: © Bruno Pezzimenti / iStockphoto.com

a) Fraser Island is part of

- ☐ Australia.
- ☐ Asia.
- ☐ Uluru.
- ☐ Europe.

b) The dingoes of Fraser Island are unique because they
- ☐ are the purest breed.
- ☐ came from Europe.
- ☐ are 4,000 years old.
- ☐ are bred with domestic dogs.

c) The dingoes were first brought to Fraser Island by
- ☐ European settlers.
- ☐ Asian seafarers.
- ☐ visitors to Fraser Island.
- ☐ the Queensland government.

d) Today, approximately
- ☐ 10 % of dingoes in Australia are pure dingoes.
- ☐ 90 % of dingoes in Australia are pure dingoes.
- ☐ 90 % of dingoes on Fraser Island are crossbreeds.
- ☐ 10 % of dingoes on Fraser Island are pure dingoes.

e) Clinton Cage was killed by dingoes in
- ☐ 1970.
- ☐ 1980.
- ☐ 1990.
- ☐ 2000.

f) As a result, the government
- ☐ fenced in the dingoes.
- ☐ fined people for killing dingoes.
- ☐ closed holiday resorts.
- ☐ fenced in camping grounds.

g) Feeding the dingoes can become problematic because the animals
- ☐ stop going to holiday resorts.
- ☐ do not like human food.
- ☐ get accustomed to human food.
- ☐ can be killed by human food.

h) Aggressive dingoes are ___ by rangers.
- ☐ fed
- ☐ killed
- ☐ attacked
- ☐ helped

i) Jennifer Parkhurst says that

- ☐ photographing dingoes makes them dangerous.
- ☐ feeding dingoes makes them less dangerous.
- ☐ feeding dingoes makes them more dangerous.
- ☐ fining her AUS $40,000 makes her dangerous.

k) The government says that the dingoes

- ☐ are starving.
- ☐ should be fed.
- ☐ are a thin breed.
- ☐ are aggressive.

3. Read the text and then answer the questions.

The Doorman

The narrator, Ed, is a 19-year-old boy who has been living on his own for six months now.

I have one housemate. He's called the Doorman and he's seventeen years old. He sits at the flyscreen door, with sun painted onto his black fur. His old eyes glow. He smiles. He's called the Doorman because from a very early age he had a strong penchant[1] for sitting by the front door. [...] He likes to sit where it's nice and warm, and he doesn't let anyone in. This is because he finds it hard to move on account of the fact that he's so old. He's a cross between a Rottweiler and a German shepherd, and he stinks a kind of stink that's impossible to rid him of. In fact, I think that's why no one but my card-playing friends ever enter the shack. [...] I've even tried encouraging him to use some kind of deodorant. I've rubbed it under his arms in copious amounts[2]. I've covered him all over with some of that Norsca spray[3], and all it did was make him smell like a Scandinavian toilet.

He used to be my father's but when the old man died about six months ago, my ma shifted him onto me. She got sick of him using the patch under her clothesline. ("Anywhere in the whole backyard he could use!" she'd say. "But where does he do it?" She'd answer the question. "Right under the bloody clothesline.")

So when I left, I took him with me.

To my shack.

To this door.

And he's happy. And so am I.

He's happy when the sun throws warmth on him through the flyscreen door. He's happy to sleep there and move on a forward slant when I try to shut the wooden door at night. At times like that, I love the hell out of that dog. I love the hell out of him anyway. But Christ, he stinks.

I suppose he'll die soon. I'm expecting it, like you do for a dog that's seventeen. There's no way to know how I'll react. He'll have faced his own placid death and slipped without a sound inside himself. Mostly, I imagine I'll crouch there at the door, fall onto him, and cry hard into the stench of his fur. I'll wait for him to wake up, but he won't. I'll bury him. I'll carry him outside, feeling his warmth turn to cold as the horizon frays and falls down in my backyard. For now, though, he's okay. I can see him breathing. He just smells like he's dead.

Markus Zusak: The Messenger. Sydney: Pan Macmillan 2002, pp. 17–19

1 penchant: liking
2 copious amounts: very large amounts
3 Norsca spray: a type of deodorant

a) Who is the Doorman? 1 pt.

____

b) What does the Doorman look like? 1 pt.

____

c) Why is he called the Doorman? 1 pt.

____

d) Who are Ed's only visitors? 1 pt.

____

e) The Doorman does not smell good. What has Ed done about this problem? 1 pt.

____

f) What was the reason why Ed's mother gave the Doorman to him? 1 pt.

____

g) What makes the Doorman happy? 1 pt.

____

h) How might Ed react when the Doorman dies? (two details) 2 pts.

____

____

i) Why does Ed love the Doorman so much? 1 pt.

____

C Mediation

Eure Abschlussfahrt im Juni geht nach London. Bei der Planung hast du mit zwei Mitschülern die Aufgabe übernommen, eine Vorführung im *Globe Theatre* zu organisieren. Beantworte die Fragen deiner Mitschüler auf Deutsch.

Schreibe die passenden Antworten in Stichpunkten auf.

a) Was müssen wir genau tun, um im Internet für eine Gruppe Eintrittskarten zu buchen? 2 pts.

____

____

b) Wir sind 30 Schüler. Wie viele Erwachsene müssen uns begleiten? 1 pt.

____

c) Wie sollte man sich als Gruppe verhalten? (2 Informationen) 2 pts.

____

____

d) Was ist das Besondere an den Plätzen im Hof? 1 pt.

____

e) Ich habe gelesen, dass das *Globe* ein offenes Dach hat. Was passiert mit der Vorstellung, wenn es regnet? 1 pt.

____

f) Was mache ich mit meiner Jacke und meiner Tasche? 1 pt.

____

g) Wie lange dauert eine Vorstellung ungefähr? 1 pt.

____

h) Darf ich essen und trinken? Muss ich etwas beachten? 1 pt.

____

Shakespeare's Globe Theatre

+44 (0) 207 401 9919

Box office: current opening hours

Monday to Saturday	**Sunday**
10:00 am to 6:00 pm	10:00 am to 5:00 pm

School groups
We are delighted to receive schools from far and wide every year to share in our productions. There is a separate booking form for groups which you can download here. This form can be returned to us by email at groupbookings@shakespearesglobe.com.

Guidelines
- The maximum size of group you can book for a single performance is 66 persons.
- There must be one adult for every ten students.

Code of Conduct for Groups
- Please ensure that all electrical devices are switched off.
- Please be aware that no photography is permitted during the performance.
- Please ensure that your students do not talk during the performance.
- If at any point our Code of Conduct is not respected, we reserve the right to remove individuals or whole groups from the auditorium for the remainder of the performance.

Important Information – Please read before booking.

Weather
The theatre is open-air. The temperature is dependent upon the weather. Please dress accordingly.

What happens when it rains?
Those in seats will be under the protection of a sound roof. Those standing in the yard are at the mercy of the elements. The show will continue whatever the weather. No umbrellas are allowed to be put up in the yard at any time but raincoats may be purchased in the theatre.

Seating and Yard
Seating consists of wooden benches. Yard tickets are standing only.

What does standing mean?
Standing means watching a performance from the yard. The yard has the best view of the stage – you are not sitting. Please do not bring any items to sit on.

Cloakroom
There is no cloakroom for the theatre and patrons are asked to keep their belongings with them at all times.

What are the running times for your performances?
As a guide, most of our performances last for between 2 hours 30 minutes and 3 hours, including the break.

Is food and drink allowed in the theatre?
Yes, drinks must be in plastic containers only.

Adapted from: http://www.shakespearesglobe.com (20. 08. 2012)
Photo: http://commons.wikimedia.org/wiki/File:Globe_Theatre_London.jpg, photographer : Schlaier, public domain

D Use of Language

1. Complete the text with the correct form of the verbs.

8 pts.

It is six o'clock and Katie is in the kitchen. She (make) ____________________ a vegetable lasagne at the moment. She (not eat) _______________ meat. She (be) __________________________ a vegetarian for five years. She (give up) ______________________ meat in 2008 after reading a book about eating animals. Today, being a vegetarian is easy in Britain because good, fresh vegetables (sell) ______________________ in all supermarkets. If Katie didn't eat eggs and dairy products, it (be) __________________ harder to have a balanced diet. Tomorrow, Katie (try) __________________ the new Indian restaurant in the town centre. Her sister went there last night and said that she (enjoy) ____________________ her meal.

2. Read the text, then tick (✓) the correct words.

7 pts.

Katie has invited some friends for a meal tonight. She is looking forward __1__ them, because she hasn't seen them since before the summer holiday. She still has __2__ jobs to do before the party, however. __3__ she lays the table and then she puts the wine in the fridge. While she is washing the lettuce, the doorbell rings. It is Tim, __4__ she knows from college. When they are both in the kitchen, Katie asks, "What do you think __5__ our new English teacher?" – "Oh, he's terrible! Yesterday's lesson was so boring! I almost fell __6__. We have got English four times __7__ – how will we survive?" "I don't know. Hopefully it will get better."

1.	2.	3.	4.
☐ to see	☐ a few	☐ For first	☐ who's
☐ to seeing	☐ much	☐ Firstly	☐ which
☐ see	☐ a lot	☐ The first	☐ who
☐ seeing	☐ a plenty of	☐ First	☐ whose
5.	**6.**	**7.**	
☐ of	☐ asleep	☐ week	
☐ to	☐ sleep	☐ in the week	
☐ from	☐ slept	☐ the week	
☐ on	☐ sleepy	☐ a week	

E Text Production

Choose one of the following tasks and write about 150 words.
Count your words and write the number at the end of the text. 25 pts.

1. **What is the story behind the picture?**

   Imagine you are one of the people in the group <u>or</u> the person they are looking at. Write a story and include at least four of the following aspects:

   - Who are you?
   - Where are you?
   - What happened?
   - What are your feelings/thoughts?
   - What will happen next?

© Urilux / iStockphoto.com

or

2. **On the Internet, you come across an English writing competition. Its title is "What makes a good class trip?" You decide to enter.**

   Write a text and include at least four of the following aspects:

   - where to go
   - how to get there
   - what to do there
   - where to stay
   - what to eat

   Give reasons to support your answers.

Hessen Realschule – Englisch
Jahrgang 2014

Listening Comprehension – Transcripts

Hello, this is the listening exam for 2014. I am going to give you the instructions for the test. There are three parts to the listening exam. At the beginning of each part you'll hear this sound: ◀
You may write down your answers at any point during the listening exam.

Part One

In part one you will hear two news items. You will hear the news items twice. Before listening to each news item, you will have 20 seconds to read the tasks. You now have 20 seconds to read the tasks for news item one. *(20 seconds break).* You are now going to hear the first news item for the first time. After a short break, you will hear the news item again. ◀

News Item 1: Midsummer Festivals

If you live high up in the North, June 21st is the first day of summer and also the longest day of the year. This day is called the summer solstice, a Latin word for "sun stands still". The amount of sun you will have on this day depends on where you live. Washington DC will receive fifteen hours of daylight, the islands of Hawaii just over thirteen. Go to Europe, however, and you will get eighteen hours of sunlight in London and an amazing twenty-one hours in Stockholm. The best place to be, though, is north of the Arctic Circle, where the sun won't set at all. We now understand the reason for this extended day, but in ancient times, the day was a spiritual occasion and was celebrated with joyful worship. One of the oldest and biggest celebrations is at Stonehenge in England, where thousands gather to watch the rising sun. In Sweden, there is a week-long festival and in Poland, people leap over fires to frighten off evil spirits. New York City celebrates the first day of summer with a yoga session in the middle of busy Times Square. The event is free for everyone; all you need is a yoga mat.

Adapted from: http://www.dogonews.com/2013/6/21/its-summer-solstice-the-day-when-the-sun-stands-still (14. 8. 2013)

You now have 20 seconds to read the tasks for news item two. *(20 seconds break)*
You are now going to hear the second news item for the first time. After a short break, you will hear news item two again. ◀

News Item 2: A new rock band

A new rock band, Z Machines, held its debut concert last night in Tokyo. This is no ordinary band, however. The three band members are futuristic robots who are able to play the guitar, drums and keyboard better than any humans. The automatons were designed by an IT professor at the University of Tokyo, and a mechanical designer, who wanted to liven up the music scene with something futuristic and exciting. So they created Ashura, a six-armed drummer, who can play 22 drums at the same time, Mach, a metal guitarist, who uses 78 fingers, and Cosmo, who is wired into his keyboard and shoots lasers from his eyes. The gig was at one of Tokyo's hottest nightclubs and the performance was electrifying. For their first concert, they teamed up with Japanese female pop duo Amoyamo. Amoyamo were surprised how well the robots performed, considering they'd only had one rehearsal together before the big show. Z Machines may be popular in Japan right now, but they are not the world's first robot band. This title goes to Compressorhead, a group of true metal heads who cover songs played by AC/DC and Motörhead.

Adapted from: http://www.odditycentral.com/technology/the-future-of-music-japans-new-robot-rock-band.html (14. 8. 2013)

Part Two

In part two you will hear an interview with students at a British school. You will hear the interview twice. Before listening, you will have 30 seconds to read the task. You now have 30 seconds to read the task. *(30 seconds break)*
You are now going to hear the interview for the first time. After a short break, you will hear the interview again. ◀

Interview: Should cyclists wear helmets?

REPORTER: British government is thinking about introducing a law that forces cyclists to wear helmets. I am reporting from Notre Dame High School in Sheffield, where I am asking pupils and teachers for their opinion. It would be great if you could tell us your names and say what you think about bike helmets.

TOM: Good morning, my name is Tom. One of my friends had a bike accident last year. As he wasn't wearing a helmet, he seriously injured his head. He had to stay in hospital for more than six months and learn how to walk again. The doctors said he should have worn a helmet and I always wear one now!

JASMINE: Hello, my name is Jasmine and to be honest, no way am I gonna wear a helmet! I cycle to school every day but I would stop if I had to wear a helmet. It looks so ridiculous and what is worse, it messes up my hair!

JO: Hi, I'm Jo. My hobby is cycling and I always wear a helmet when I cycle. I'm a very fast cyclist and I've had several crashes during cycle races. Once my helmet was literally split down the middle! I wonder what I'd look like today if I hadn't had my helmet on!

LONA: Hello, I'm Lona and I hardly ever cycle anywhere. I couldn't care less about this helmet business. I prefer riding a bus to riding a bike!

MR ATKINSON: I am Mr Atkinson and I'm a sports teacher. I know how quickly all sorts of things can happen. So I think it's really a good idea to force people to wear helmets! In my opinion a lot of pupils don't wear one because they're afraid of being laughed at. If everyone wears a helmet, you won't feel awkward wearing one and it'd make life much safer!

CALVIN: Hi, I'm Calvin. What's all the fuss about a new law? I really think it's none of anyone else's business. I can decide for myself if I want to wear a helmet or not! I don't need a law to tell me what to do.

LEYLA: Hello, my name is Leyla. My parents make me wear a helmet, that's why I do it. Some of my friends don't wear a helmet and sometimes I wish I didn't have to. But on the other hand I feel safer with a helmet and I don't have to be afraid of what might happen if I have an accident.

REPORTER: Thank you for sharing your thoughts and have a safe journey home.

Adapted from: Matthew Sparkes: Should cyclists be forced to wear helmets? In: The Telegraph, 02 Aug 2013.

Part Three

In part three you will hear an interview with a schoolgirl. You will hear the interview twice. Before listening to the interview, you will have 30 seconds to read the task. You now have 30 seconds to read the task. *(30 seconds break)*
You are now going to hear the interview for the first time. After a short break, you will hear the interview again.

Interview: Maisie Kate Miller and her pigtails

REPORTER: Today's show is about bullying and what you can do about it. With me is 15-year-old Maisie Kate Miller, who came up with an unusual idea after being bullied. Welcome to the studio, Maisie!

MAISIE: Thank you. I'm very excited to be here.

REPORTER: Tell us what happened to you last October.

MAISIE: Well, there's this girl at my school, who is very pretty, and a sports star. She always had something mean to say about me. It was really hard to bear. The last time it happened she walked behind me on the stairs and commented on my hairstyle. She asked, "Who still has pigtails, then? What is this, kindergarten?" When I turned round she ordered me to keep walking. I didn't know how to react and by the time the next lesson started, I was crying.

REPORTER: That sounds awful! Was there no-one to help you?

MAISIE: The other girls were sympathetic but wouldn't stand up for me because they were afraid that the next time she might bully them.

REPORTER: So, what did you do about it?

MAISIE: Well, my mum advised me to let the incident go and not to worry about it, but I felt bad just running away because it had happened before. So I came up with the idea of wearing my hair in pigtails all week as a …, like a kind of – sort of passive resistance I suppose. A couple of friends promised to back me up and do the same.

REPORTER: What a good idea! Instead of returning the girl's nastiness, you went for a peaceful solution.

MAISIE: Yes, and when I got home, I posted what I was planning to do on Facebook, and the most amazing thing happened. When I had my first chance to check in again a couple of hours later, I was overwhelmed to find more than 500 comments and hundreds of friend requests waiting. Some of them were people I've looked up to and never met! I started shaking and I couldn't stop. Then I thought about the other girl and I worried that people might turn against her. So I reminded people that this was a protest against bullying, so bullying the girl right back would be wrong.

REPORTER: So what was your next school day like?

MAISIE: Oh, it was brilliant! There were hundreds of pigtails: girls, boys and one of the teachers wore some and on my way back from school I even saw a pigtailed dog. Everyone supported me.

REPORTER: What did your bully do?

MAISIE: Oh well, she was absent for the day. A couple of days later she sent me a message telling me that she was really sorry. She must have had quite a hard time, though.

REPORTER: What would you advise other kids who are being bullied?

MAISIE: I'd tell them to try and find ideas of how to react peacefully. But I wouldn't advise them to do nasty things themselves, otherwise they will be bullies, too.

REPORTER: Maisie, thank you for being on the show today! If you want to find out more about bullying and how to deal with it, visit our website at haveaniceday.com.

Adapted from: Melinda Henneberger: Maisie Kate Miller's passive resistance, pigtail style, tames a bully and shows us how. In: The Washington Post, October 30, 2012

You may now continue with the rest of the exam. Good luck!

A Listening Comprehension

Part One

**Listen to the news items and tick (✓) the right statements.
There is only one possible answer per statement.**

News Item 1: Midsummer festivals

4 pts.

a) The Latin word "solstice" means
- ☐ "first day of summer".
- ☐ "longest day of the year".
- ☐ "the sun stops moving".

b) On June 21st you will have 21 hours of daylight in
- ☐ Washington DC.
- ☐ Hawaii.
- ☐ Stockholm.

c) One of the major and most ancient celebrations takes place in
- ☐ Sweden.
- ☐ England.
- ☐ Poland.

d) In Poland the solstice celebration involves
- ☐ jumping over fires.
- ☐ doing yoga in public.
- ☐ seven days of festivities.

News Item 2: A new rock band

4 pts.

a) The robot rock band was created by someone from
- ☐ Tokyo University.
- ☐ the Tokyo music scene.
- ☐ a Tokyo night club.

b) Ashura can
- ☐ use 78 fingers.
- ☐ play 22 drums at once.
- ☐ shoot lasers from his eyes.

c) The name of the guitarist is
- ☐ Ashura.
- ☐ Cosmo.
- ☐ Mach.

d) The name of the world's first robot band is
- ☐ Compressorhead.
- ☐ Motörhead.
- ☐ Z Machines.

Part Two

Interview: Should cyclists wear helmets?
Listen to the interview. Some people are talking about what they think of wearing helmets when riding a bike. Who thinks what? Write the correct letters in the chart.
Be careful: There is one more statement than you need. 7 pts.

A I have to wear a helmet, but I am not always happy about it.

B I always wear a helmet because of what happened to my friend.

C I very rarely cycle.

D I've had accidents before so I make sure I wear a helmet.

E A helmet ruins my looks.

F It's up to me if I wear a helmet or not.

G It should be standard practice to wear a helmet.

H My parents always wear a helmet.

Tom	Jasmine	Jo	Lona	Mr Atkinson	Calvin	Leyla

Part Three

Interview: Maisie Kate Miller and her pigtails
Listen to the interview and write down the information about Maisie Kate Miller.
Fill in only one detail per box.

10 pts.

month of the incident	
what she was bullied for	
Maisie's immediate reaction	
her mum's advice	
her plan	
how many comments she got	
how many people followed her plan	
where the bully was that day	
the bully's feelings afterwards	
Maisie's advice	

B Reading Comprehension

1. Red Nose Day

Wearing a red nose for a day may seem like a strange way to raise money for charity. However, it seems to work in Britain.

Red Nose Day (RND) is a well-known event in the UK. The aim of the day is to raise money for a charity called Comic Relief, which helps people in need in Africa and in the UK.

❶ *Comic Relief* was started in 1985 by the scriptwriter Richard Curtis. His idea was a response to the severe famine in Ethiopia. This event is called "Red Nose Day" as on this day many people buy a plastic red nose to wear! The money made from selling red noses goes to the charity.

❷ Red Nose Day takes place every two years in spring and is now so well-established that many people consider it to be an unofficial national holiday. For example, many schools have non-uniform days. In 2013 Red Nose Day was on March 15th.

❸ The slogan for the last RND was "Do Something Funny for Money", and the money that was collected helped to fund projects in the following areas: treating malaria, education, maternal health and mental health. The BBC Red Nose Day *telethon* raised £74.3 million! People both in the UK and all over the world profit from the money which is collected.

❹ Money-raising events take place all over the country and many schools participate. Getting sponsored to do something is a common way to raise money on RND. If someone sponsors you, it means that they agree to give you a specific amount of money for your actions. Here are some popular ways to raise money: Get sponsored to wear your pyjamas all day at work or in school. Get sponsored to grow a beard for a month. Get sponsored to give up chocolate, biscuits or crisps.

❺ In the evening of Red Nose Day a *telethon* takes place on the BBC TV channels. This is like a television marathon that shows a selection of the events of the day, as well as lots of comic sketches and reports of how the money raised will be spent. There's a RND Facebook page and you can follow RND on Twitter. People also upload videos of local charity events on YouTube and Facebook. If you want to find out more about the day, have a look at the official Red Nose Day website.

Adapted from: http://learnenglishteens.britishcouncil.org/uk-now/read-uk/red-nose-day

Match the five correct headings to each part of the text (1–5). Be careful – there are two headings more than you need. 5 pts.

A	RED NOSE ONLY ON TV
B	WHERE TO GET INFORMATION ABOUT RED NOSE DAY
C	WHO BENEFITTED FROM THE MONEY LAST YEAR
D	THE BEGINNINGS OF RED NOSE DAY
E	HOW TO CONTRIBUTE
F	THE PYJAMA DAY
G	A REGULAR EVENT

part of the text	❶	❷	❸	❹	❺
heading					

2. Read the article and tick (✓) the right statement. 10 pts.

Rainforests rule!

A world like no other – perhaps this is the best way to describe the world of the rainforest. No rainforest is exactly the same. Most rainforests are now distributed in the region around the Equator, for example in South America and Indonesia. Other rainforests flourish further from the Equator, like in Thailand and Sri Lanka.

Despite occupying a relatively small area, rainforests have a colossal role to play in maintaining the world as we know it. Tropical rainforests are home to a rich, colourful variety of medicinal plants, food, birds and other animals. Can you believe that a single bush in the Amazon may have more species of ants than the whole of Britain? 480 varieties of trees may be found in just one hectare of rainforest. These forests sustain about half of all the species on Earth, and offer a way of life to many people living in and around the forest.

Rainforests are the lungs of the planet – storing vast quantities of carbon dioxide and producing a significant amount of the world's oxygen. Rainforests have their own perfect system for ensuring their own survival; the tall trees make a canopy of branches and leaves which protects themselves, smaller plants, and the forest animals from heavy rain, intense dry heat from the sun and strong winds.

Amazingly, the trees grow in such a way that their leaves and branches, although close together, never actually touch those of another tree. Scientists think this is a deliberate tactic to prevent the spread of any tree diseases and make life more difficult for leaf-eating insects like caterpillars. To survive in the forest, animals must climb, jump, fly or glide across the gaps. The ground floor of the forest is not all tangled leaves and bushes, like in films, but is actually fairly clear. It is where leaves decompose into food for the trees and other forest life.

They are not called rainforests for nothing!

Rainforests can generate 75 % of their own rain. At least 80 inches of rain a year is normal – and in some areas there may be as much as 430 inches of rain annually. This is real rain – your umbrella may protect you in a shower, but it won't keep you dry if there is a full rainstorm. In just two hours, streams can rise by ten to twenty feet. The humidity of large rainforests contributes to the formation of rainclouds that may travel to other countries in need of rain. Worryingly, rainforests around the world are disappearing at great speed, thanks to deforestation, river pollution, and soil erosion as land is being claimed for agriculture and trees are felled for wood. A few thousand years ago, tropical rainforests covered as much as 12 % of the land surface on Earth, but today this has fallen to less than 5.3 %.

Adapted from: http://learnenglish.britishcouncil.org/en/magazine/rainforests-rule

a) Most rainforests are found in the area near

- ☐ the Equator.
- ☐ South America.
- ☐ Indonesia.
- ☐ Thailand.

b) Some plants which grow in rainforests can be used for

- ☐ occupation.
- ☐ flying.
- ☐ healing.
- ☐ variation.

c) Tropical rainforests are home to around _____ of all the species on our planet.

- ☐ 75 %
- ☐ 50 %
- ☐ 12 %
- ☐ 5.3 %

d) Rainforests are important for the planet because they retain large amounts of

- ☐ oxygen.
- ☐ rain.
- ☐ carbon dioxide.
- ☐ heat.

e) Without the canopy,

- ☐ oxygen would be produced.
- ☐ animals wouldn't be protected.
- ☐ plants would be smaller.
- ☐ tree diseases would spread.

f) Scientists think there is no contact between the leaves of different trees
- [ ] because the leaves have been eaten by insects.
- [ ] because the area covered by rainforest has decreased.
- [ ] so that diseases cannot spread between trees.
- [ ] so that the tall trees can form a protective canopy.

g) The ground floor of the forest is clearer than you might think and it is
- [ ] full of tangled undergrowth.
- [ ] a source of food for trees.
- [ ] often used in making films.
- [ ] dangerous for animals.

h) In a rainstorm, water levels can rise by _____ in a short space of time.
- [ ] 75 %
- [ ] 430 inches
- [ ] 80 inches
- [ ] up to 20 feet

i) Rain produced in the rainforests can
- [ ] benefit countries with a drier climate.
- [ ] prevent trees being felled for wood.
- [ ] cover 12 % of the Earth's surface.
- [ ] cause soil erosion in agricultural countries.

k) According to the text, rainforests are disappearing at a rate which is
- [ ] slow.
- [ ] alarming.
- [ ] erosive.
- [ ] falling.

3. Read the text and then answer the questions.

When you reach me

Miranda lives with her mom (and sometimes with her mom's boyfriend Richard) in a flat in New York. This extract is about what happened to her friend Sal and her a while ago. Sal lives in the flat downstairs with his mom Louisa.

Mom's rules for Life in New York City

1. *Always* have your key out before you reach the front door.
2. If a stranger is hanging out in front of the building, don't ever go in – just keep walking around the block until he's gone.
3. Look ahead. If there's someone acting strange down the block, looking drunk or dangerous, cross to the other side of the street, but don't be obvious about it. Make it look like you were planning to cross the street all along.
4. *Never* show your money on the street.

I have my own trick. If I'm afraid of someone on the street, I'll turn to him (it's always a boy) and say, "Excuse me, do you happen to know what time it is?" This is my way of saying to the person, "I see you as a friend, and there is no need to hurt me or take my stuff. Also, I don't even have a watch and I'm probably not worth mugging[1]."

So far, it's worked like gangbusters[2], as Richard would say. And I've discovered that most people I'm afraid of are actually very friendly. […]

The day Sal got punched, back in October, Louisa came upstairs after dinner to have a conference with Mom in her bedroom. They decided that Sal needed a mental health day, which meant that he was allowed to skip school and watch TV the next day.

So the following afternoon I walked home alone. […] I was almost to the garage when I realized someone was walking right behind me. I glanced back and saw the kid who punched Sal. He was maybe two feet away, wearing the same green army jacket he had worn the day before.

I was about to panic because my knees and neck both started to tingle. And then, before I had really decided what to do, I turned around to face him.

"Excuse me, do you happen to know what time it is?" My voice sounded almost normal. That was good. "Let's see …" He turned his head and looked back toward Broadway like maybe there was a giant clock hovering[3] in the air right behind us. "It's three-sixteen."

I nodded like I could see the invisible clock too. "Thanks." He didn't look like he was going to hit me, but still, my heart was pounding.

He pointed. "See that big brown building? Yesterday the sun started to go behind it at three-twelve. Now it's about halfway gone." He glanced at me. "Plus, it's one day later, and it's October, so the days are getting shorter."

I stared at him. He looked down at his hand, which held a key. He pushed the other hand into his pants pocket. "I don't have a watch," he said.

"Oh," I said. "Me neither."

1 mug: rob
2 it's worked like gangbusters: it has worked out perfectly
3 hover: fly

a) What does Miranda's mum tell her to do with her money and her keys? (two details) 2 pts.

____

____

b) What is Miranda supposed to do when a drunk or dangerous person comes her way? 1 pt.

____

c) What does Miranda really do when she meets a threatening person? 1 pt.

____

d) Why did Sal's mum allow him to stay home for a day? 1 pt.

____

e) Who followed Miranda on her way home? 1 pt.

____

f) How did Miranda feel when she realized someone was behind her? 1 pt.

____

g) How did the boy know what time it was? 1 pt.

____

You cannot find the answer to the following question directly in the text:

h) How are Miranda's and her mother's ways of dealing with danger different? 2 pts.

____

____

____

____

____

____

C Mediation

Deine Klasse plant gerade das Programm für eure Abschlussfahrt nach London. Ein Tagesausflug soll zu den berühmten Höhlen von Chislehurst gehen. Du hast dich vorab informiert, um die Fragen deiner Mitschülerinnen und Mitschüler und deines Klassenlehrers in der kommenden Stunde beantworten zu können.

Beantworte ihre Fragen stichwortartig auf Deutsch.

a) Wo genau liegen die Höhlen von Chislehurst? 1 pt.

____

b) Wie sind die Höhlen entstanden? 1 pt.

____

c) Seit wann kann man die Höhlen besichtigen? 1 pt.

____

d) Wozu wurden die Hohlen im letzten Weltkrieg benutzt? 1 pt.

____

e) An welchen Tagen finden Führungen außerhalb der Ferien statt? 1 pt.

____

f) Zu welcher Uhrzeit müssen wir uns vor Ort einfinden, um an der ersten Führung teilzunehmen? 1 pt.

____

g) Womit werden die Höhlen während einer Tour beleuchtet? 1 pt.

____

h) Wir sind 20 Schülerinnen und Schüler. Was kostet dann der Eintritt für einen Lehrer? 1 pt.

____

i) Wie sollen wir als Gruppe buchen? (2 Schritte) 1 pt.

____

____

k) Wann muss unsere Gruppe bezahlen? 1 pt.

____

Chislehurst Caves

Chislehurst Caves are a long series of 'caves' (they are, in fact, a man-made labyrinth of tunnels, covering over 6 hectares and up to 30 meters below the surface) in the south-eastern London borough of Bromley. People worked the mines since the 12th century. They dug up chalk used to make bricks for the building of London, but also flint to fire tinderboxes and flintlock guns. Since the first opening to the public in 1900 the guides have told stories of how the mines were made and used centuries ago.
London tourists with an interest in World War II will find the attraction particularly intriguing, as the caves were used as a mass air raid shelter during The Blitz.

Admission

Adults (17 to 60)	£ 6.00
Under 17s	£ 4.00
Over 60s	£ 4.00
Under 3 years	Children under 3 are admitted free on public tours, but they may find the caves a little intimidating! Unaccompanied children will not be admitted!
Reduced rates for pre-booked groups.	
Guided tours only!	

School classes

School groups enter the Caves at fifteen minutes past the hour, please aim to be here on the hour, so that your group is ready to go in on time.
The Caves are open all year (the weather is no problem underground). The tours last for around 45/50 minutes. World War Two tours are very popular!
The Caves are unlit, and all of our tours are conducted by lamplight. Young people brought to the Caves must remain under the care of the adults who bring them at all times. The tour guides' role is to educate and entertain, they are not qualified to supervise children. School groups are charged at £ 4 per child (under 16) and we offer one free adult place for every six children, additional adults are charged a discounted price of £ 5 each, the minimum charge for a group of fewer than 15 children is £ 60. Visits should be pre-booked by telephone at least one week in advance and then confirmed in writing.
Payment is due on arrival.

Opening Times
The caves are open to the public from Wednesday to Sunday. The first tour is at 10.00 am and the last is at 4.00 pm.
During local school holidays, except Christmas, the caves are open every day.

Contact Details

info@chislehurstcaves.co.uk
For further details
phone 020 8467 3264

Adapted from: http://www.chislehurst-caves.co.uk/ (15. 8. 2013)

D Use of Language

1. Complete the text with the correct form of the verbs.

8 pts.

Work experience is something most young people have to do.

Callum Brown (spend) ______________ three weeks working in a supermarket at the moment, and he is finding it hard work. Callum usually (start) ______________ work at 7:30 am.

Fresh food (deliver) ______________ to the supermarket every morning.

When his teacher arrived for a short visit, Callum (put) ______________ the food on the shelves. He told his teacher that he (not expect) ______________ to feel so tired after a day at work.

"If I (know) ______________ how hard this job is, I would have chosen something else!" he said. But Callum (make) ______________ some good friends here so far, and he thinks he (keep) ______________ in touch with them when he is back at school.

2. Read the text, then tick (✓) the correct words.

7 pts.

When do you usually go shopping? 24-hour shopping is something __1__ is completely normal in Great Britain and the USA. __2__ people nearly always shop after midnight. They do this because they find the shops are much __3__ then. But waiting __4__ most people are in bed has its disadvantages, too. Often there is __5__ left on the shelves to buy – tins are no problem but it is much harder to find fresh milk. It is not __6__ to find fresh vegetables, either. And spare a thought __7__ the poor shop workers – all-night shopping is not much fun for them!

1.	2.	3.	4.
☐ who	☐ some	☐ quietly	☐ after
☐ which	☐ any	☐ more quietly	☐ before
☐ whose	☐ much	☐ quieter	☐ ever
☐ what	☐ a lot	☐ quietest	☐ until

5.	6.	7.
☐ little	☐ easily	☐ of
☐ a little	☐ easy	☐ from
☐ least	☐ easiest	☐ for
☐ some	☐ more easily	☐ four

E Text Production

Choose one of the following tasks and write about 150 words.
Count your words and write the number at the end of the text. 25 pts.

1. **What is the story behind the picture?**

   Imagine you are late for school. You enter your classroom and you see this …
   Write a story and include at least four of the following aspects:

   - What has happened?
   - Where is everybody?
   - What will you do next?
   - What are your feelings/thoughts?
   - What will you say to your teacher in case you see him/her?

© Can Stock Photo Inc. / archideaphoto

or

2. **On the Internet you come across an English writing competition. Its title is "A special day". You decide to enter.**

   Write about an important day in your life (e. g. a big birthday, a wedding, a sports event …).

   Include at least four of the following aspects:

   - What was the occasion/will be the occasion?
   - Describe the event (e. g. location, people, clothing, atmosphere …).
   - What happened/will happen?
   - How did you feel?
   - Why was the event special for you?/Why will it be special for you?

Listening Comprehension – Transcripts

Hello, this is the listening exam. I am going to give you the instructions for the test. There are three parts to the listening exam. At the beginning of each part you'll hear this sound: ◀
You may write down your answers at any point during the listening exam.

Part One

In part one you will hear two news items. You will hear the news items twice. Before listening to each news item, you will have 20 seconds to read the tasks. You now have 20 seconds to read the tasks for news item one. *(20 seconds break)*
You are now going to hear the first news item for the first time. After a short break, you will hear the news item again. ◀

News Item 1: Norwegian sun

Imagine a town where everyone is depressed. That was the case in the Norwegian town of Rjukan, where all 3,500 inhabitants were suffering from Seasonal Affective Disorder, or SAD. Because of the surrounding mountains, it is nearly always dark in town in winter. But now, thanks to three giant mirrors, or "heliostats", Rjukan's down days are over. The heliostats reflect light, giving the illusion of a second sun. The idea was first suggested 100 years ago, but technology has only recently advanced far enough to carry out this massive health project. Until recently, the town's inhabitants had to climb the surrounding hills in winter to get a glimpse of the sun. The mirrors were designed by artist Martin Andersen, and the project cost 6 million Norwegian crowns. Andersen drew his inspiration from a project in Vignella in northern Italy, and hopes that the extra light will lead to more activities in the town during the autumn and winter months.

Adapted from: http://www.huffingtonpost.co.uk/2013/10/24/norwegian-town-three-massive-mirrors-sunlight-_n_4154074.html;

You now have 20 seconds to read the tasks for news item two. *(20 seconds break)*
You are now going to hear the second news item for the first time. After a short break, you will hear news item two again. ◀

News Item 2: Robotic wedding

When you think of robots, you probably think of R2D2 and other figures from science fiction films. But in Japan last month, a real robot actually married a couple in a legal ceremony. The four-foot-high robot, called Fairy, was the only one sitting down at the wedding ceremony. Fairy wore a wreath of flowers, and its eyes flashed as it asked the couple to give each other a kiss. This may sound unusual to you, but Fairy was probably the perfect choice for this robot-mad couple. The groom teaches robotics, and the bride works for the company which built Fairy. They both hope their wedding will give other people some ideas of other ways to use robots. And if this sounds like the perfect wedding to you, five robots like Fairy have been built so far. Three of them have already been sold, and two are still available. So get your orders in now!

Adapted from: http://www.educationworld.com/a_lesson/newsforyou/pdfs/newsforyou158a.pdf,

Part Two

In part two a reporter is carrying out a survey. You will hear this twice. Before listening, you will have 40 seconds to read the task. You now have 40 seconds to read the task. *(40 seconds break)*
You are now going to hear the survey for the first time. After a short break, you will hear the survey again. ◀

Survey: How to stay safe online

REPORTER: Hello from the streets of Bristol! Today I am starting a survey on young people's Internet behaviour. About 96 % of young people in the UK regularly use the Internet to communicate – that means a lot of information is shared online. So my question is: How can young people using the Internet stay safe? What about you, young man?

GARY: Hi, I'm Gary and I'm 17. I have got two Instagram accounts. One of them is only for my friends. It's the one for cool party pics or ice bucket challenges. The other one is public and I make sure things I post stay pretty harmless.

BRENDA: Hi, I'm Brenda and I'm 18. My mum and I are keen Twitter users. We're always sending each other Tweets which we thought were private until an online security expert checked my Twitter account. Actually, it was public! I was lucky no one had realised that and had read the secrets I shared with my mum. We've changed our settings to "private" now.

OLIVIA: Hello, my name is Olivia and I'm thirteen. I was looking forward to having my own Facebook account but now I think I don't really need it. I'm on WhatsApp with my smartphone all the time and I can share whatever I want there. You have to be careful though, because every picture can be sent on a million times! That's why I only send pictures that I want my friends at school to see.

PAUL: Hi, I'm Paul and I'm really careful about using the Internet. Last February, on "Safer Internet Day", my teacher taught me how to be safe on the Internet. I keep my Facebook and Instagram accounts as private as possible – I don't want the world to know about me, just my friends!

SELENA: My name is Selena and my parents set up my social media sites with me. At first that really annoyed me because all my friends had done it on their own. But then I realised it really wasn't that easy! There were so many possibilities to choose from: friends, friends of friends or everyone for messages, for posts, for photos and so on. I don't think I would have managed properly on my own!

HOODIE: My nickname is Hoodie. I use nicknames so I can't be traced. So many people enter personal information like their name, their e-mail or even their address on the Internet. I just fake everything! But no worries – I don't post evil things, I'm just a normal guy who doesn't want any hassle online.

JUSTINE: Hi, my name is Justine and I love Twitter. I follow about 120 people on Twitter every day, which takes up quite a lot of time. I also post Tweets – and I'm being followed by a lot of people! Of course I get Tweets from them too! Once I read a really cruel Tweet which I thought was inappropriate. So then I clicked on "Report Tweet" and blocked any more Tweets from that user.

Part Three

In part three you will hear an interview. You will hear the interview twice. Before listening to the interview, you will have 30 seconds to read the task. You now have 30 seconds to read the task.
(30 seconds break) You are now going to hear the interview for the first time. After a short break, you will hear the interview again.

Interview: Batkid in San Francisco

REPORTER: Hello and welcome Mr Scott, I'm so happy that you are here to tell us about how your son Miles became Batkid! Let's explain it to our listeners: Three years ago your son Miles, who is now five, was diagnosed with cancer of the blood. Could you tell us about what happened?

MR SCOTT: That is correct. Shortly after his second birthday, Miles had to go to hospital. For more than three years he repeatedly received medication to stop the blood cancer. He felt terrible and we shared his pains. But he was lucky, there has been no sign of the cancer for more than six months now!

REPORTER: Isn't that awesome! Today he is probably the most famous five-year-old around. Tell us more about it.

MR SCOTT: Well, as soon as he felt better, the Make-a-Wish Foundation asked him to name his dream and his answer was: "I want to be Batkid!" The most wonderful thing happened: the Make-a-Wish Foundation and the City of San Francisco sparked a massive effort to ensure that my little boy's dream could come true.

REPORTER: So Miles, aka Batkid, saved the streets of San Francisco?

MR SCOTT: Oh, he actually pretended he was in Gotham City! Miles was given a wonderful Batkid suit and cape and was called into service by San Francisco Police Chief Greg Suhr. He was even given a Batphone!

REPORTER: What happened then?

MR SCOTT: Batkid roamed the streets in the Batmobile, which was actually driven by an adult Batman, when he saw a lady who had been tied to cable car tracks. As soon as he had freed her, he got the call that the Riddler was trying to rob a vault in a bank downtown, so he quickly headed there and stopped the thief. Then, when he was having lunch at a burger bar, he got another call on his Batphone. The Penguin was kidnapping a famous Gotham City mascot right outside the bar. Batman and Batkid raced outside and freed the mascot.

REPORTER: Wow, that sounds fantastic! Any more calls for help after that?

MR SCOTT: By that time Miles was pretty tired and so the Batmobile made a final stop at City Hall, where the Mayor thanked him and gave him the key to the city.

REPORTER: Did people in San Francisco notice what was going on at all?

MR SCOTT: Oh. It was unbelievable! Hundreds of people lined the streets and cheered. They'd all been told in advance. Miles felt so incredibly proud!

REPORTER: Wow, your son must be a very outgoing little boy to do something like that!

MR SCOTT: Well, actually, no! He is a rather shy and mild-mannered boy! But when he puts on the armored Batsuit, he's bubbling with self-confidence and really shines!

REPORTER: That's certainly a moving story. Thank you so much for sharing it with us, and we wish you – and Miles, of course – all the best for the future!

MR SCOTT: It's been a pleasure to be here. And I would just like to take the opportunity to thank all of Miles' friends and all the total strangers who turned up to help for their support! This day was the greatest day of my son's life and meant an end to the three years of suffering!

Adapted from: www.dailymail.co.uk/news/article-2507890/Batkid-San-Francisco-transformed-Gotham-City-today-grant-year-old-cancer-victims-wish-Batman.html

You may now continue with the rest of the exam. Good luck!

A Listening Comprehension

Part One

Listen to the news items and tick (✓) the right statements.
There is only one possible answer per statement.

News Item 1: Norwegian sun

4 pts.

a) ____ people live in Rjukan.
- [ ] 100
- [ ] 3,500
- [ ] 6,000,000

b) The town is especially dark because
- [ ] it is always winter there.
- [ ] giant mirrors block out the sun.
- [ ] there are mountains all around.

c) The mirrors
- [ ] are 100 years old.
- [ ] are just an illusion.
- [ ] reflect the sun.

d) The Norwegian project
- [ ] is inspired by Italian designers.
- [ ] is based on an Italian one.
- [ ] was built in Vignella.

News Item 2: Robotic wedding

4 pts.

a) In a civil marriage ceremony in Japan, a robot
- [ ] got married to another robot.
- [ ] performed the marriage.
- [ ] married a fairy.

b) The robot has
- [ ] four feet.
- [ ] flashing eyes.
- [ ] flowers instead of eyes.

c) The couple
- [ ] are enthusiastic about robots.
- [ ] design and build their own robots.
- [ ] have bought their own Fairy robot.

d) ____ robots like Fairy can still be bought.
- [ ] Two
- [ ] Three
- [ ] Five

Part Two

Survey: How to stay safe online

Listen to these people talking about social media. Who thinks what?
Write the correct letters in the chart.
Be careful – there is one more statement than you need. 7 pts.

A I don't use my real identity on the Internet.

B I have set up a second account for private posts.

C I once saw something that upset me on the Internet. I reported it straight away.

D The more followers you have on Twitter, the more dangerous it gets.

E It's a good idea for parents to make sure their kids are safe on the Internet.

F I learned at school how to be safe on the Internet.

G I choose the pictures I post carefully.

H I didn't realise how many people could read my messages.

Gary	Brenda	Olivia	Paul	Selena	Hoodie	Justine

Part Three

Interview: Batkid in San Francisco

Listen to the interview and write down the information about Miles.
Fill in only one detail per box. 10 pts.

Miles' disease	
Miles' age when he was diagnosed	
Miles' dream	
who made an effort to fulfil Miles' dream	
one thing Miles was given	
who was tied to cable car tracks	
what the Penguin tried to do	
what the Mayor gave to Miles later	
what Miles is like in real life	
who Miles' father wants to thank	

B Reading Comprehension

1. Proms – a new British "tradition"

❶ Proms are big news in Britain these days. A school prom is a formal party to celebrate an important date at school such as the end of secondary school or after completing school exams in year 11 (aged 15–16) and in year 13 (aged 17–18). Some pupils also have a school prom when they finish primary school. A secondary school prom often involves a big party, big dresses and huge cars.

❷ Proms are held in June or July, around the end of exam time or the end of term. Some schools hold a luxury party in a five-star hotel. Others have a more basic dinner in the school hall. The school can organise the prom or they can pay a professional organisation to arrange it. A prom organiser provides everything for the special event including the party location, balloons, food, music, cars and clothes.

❸ Young people like to dress up for their prom. Many teenagers wear school uniform in the UK but on prom night lots of girls swap their uniform for an elegant evening dress and high heels. Boys that are usually only seen in jeans and trainers when not at school dress up in a suit with a tie and smart shoes.
The right hairstyle and make-up are important too. Some beauty salons offer a special 'prom deal', which includes hair, make-up, eyelashes, nails and a spray tan. A tan is fashionable with both boys and girls.

❹ Arriving at your prom by chauffeur-driven limousine is very popular! Other young people like to travel by truck or in large 4×4 vehicles. The party can start on the way to the dinner or dance. Part of the fun for some prom-goers is to drive around town and make sure that everyone sees them.
Two sixteen-year-old girls arrived at their school prom in Somerset both dressed as Barbie. Their mothers made each girl a life-sized Barbie box and the friends arrived at the prom party in their boxes on the back of a trailer!

❺ The school prom is big business. The average prom costs over £200 per teenager. Many pay much, much more. The cost can include a ticket for the prom party (which is often a three-course dinner followed by dancing) as well as new clothes, shoes, a visit to the hairdresser's, a spray tan and probably car hire.
But how do less wealthy pupils find a way to look good at the school prom? Some teenagers work part-time to cover their prom expenses. Popular jobs include babysitting, working in a shop or as a waiter or waitress.

Adapted from: http://learnenglishteens.britishcouncil.org/uk-now/read-uk/prom-time#sthash.lQC4mye0.dpuf;

Match the five correct headings to the parts of the text (1–5).
Be careful – there are two headings more than you need.

5 pts.

A	All things come to an end
B	The expenses add up
C	Why parents dislike proms
D	Stylish transport
E	Organisation is everything
F	Barbie and Ken at the prom
G	Ready, set, look your best!

part of the text	❶	❷	❸	❹	❺
heading					

2. Earth Hour is almost here

On Saturday, March 29th, millions of people in more than 7,000 cities and over 150 countries will do something radical – switch off all lights and electronic devices from 8.30 to 9.30 pm local time! Why? Because believe it or not, this minor action that has become known throughout the world as "Earth Hour" will help in the fight against climate change.

Earth Hour was first observed in 2007 in Sydney, when at the suggestion of the Australian branch of the World Wildlife Fund (WWF), 2.2 million households and 2,100 businesses went dark for an hour. This small sacrifice helped save 10 % of the electricity consumed by the city in a normal hour.

The impressive statistics of this simple act made such an impact worldwide that in 2008 over 50 million people in more than 5,000 cities joined in. Today, Earth Hour is the largest voluntary environmental event in the world. And it's not just households that go dark – even well-known buildings like New York's Empire State Building and famous landmarks like San Francisco's Golden Gate Bridge and Sydney's Opera House join in.

Of course, one hour can only make a small difference in reversing global warming. That is why this year the organizers are urging people to go beyond just switching off their lights and plan special events.

In the Iranian city of Isfahan, the Earth Hour celebration will be held near the Khaju Bridge across Zayandeh River. Once a robust flowing river, it has not had continuous water flow for the last few years. Locals believe this to be a result of climate change and inadequate waste management. The residents of the area have created a 2,800 square meter logo (the largest yet) of the Earth Hour symbol on the dry river bed.

In Tahiti, French Polynesia, the event is being celebrated with an acoustic concert with a twist. Instead of buying tickets, the audience has been asked to bring recyclable waste.

In Belgium, people that sign up to celebrate Earth Hour are in for a treat – a live performance from a musical band in the comfort of their homes. Entitled "40 Bands – 40 Living Rooms in Belgium", it was organized to encourage more people to join in the effort for at least this one hour.

Even the cast of *The Amazing Spider-Man 2* is getting into the spirit. Andrew Garfield, Emma Stone, Jamie Foxx and director Marc Webb will be present when Singapore's famous Marina Bay goes dark for an hour on Saturday. Their message? Anyone can be a superhero for the planet!

Are you ready to take the challenge? Can you set aside just one hour on Saturday to make a difference? Don't forget to spread the word so that everyone can do his or her share in saving our planet – one light bulb at a time!

Meera Dolosia: Earth Hour is almost here, http://www.dogonews.com/2014/3/27/earth-hour-is-almost-here-are-you-ready-to-make-a-difference (27. 03. 2014)

Tick (✓) the right statements. There is only one possible answer per statement. 10 pts.

a) On March 29th, people in ____ will participate in Earth Hour.

- ☐ less than 150 cities
- ☐ about 5,000 cities
- ☐ 7,000 cities
- ☐ more than 7,000 cities

b) Earth Hour is

- ☐ a night without light.
- ☐ a day without electronic devices.
- ☐ an initiative against climate change.
- ☐ a fight against electricity.

c) Earth Hour was started by

- ☐ the WWF.
- ☐ 7,000 cities.
- ☐ 150 countries.
- ☐ Australia.

d) Earth Hour is obligatory for
- [ ] nobody.
- [ ] companies only.
- [ ] households only.
- [ ] everybody.

e) Next to private households even the ____ will go dark.
- [ ] Iranian Khaju Bridge
- [ ] city of Isfahan
- [ ] island of Tahiti
- [ ] Opera House in Sydney

f) This year people should
- [ ] just switch off their lights.
- [ ] do more than switch off lights.
- [ ] make a difference for one week.
- [ ] reverse climate change.

g) Zayandeh River
- [ ] is a robust flowing river.
- [ ] has a continuous water flow.
- [ ] is full of waste.
- [ ] has run dry.

h) The idea of some Iranian people was to
- [ ] decorate Khaju Bridge.
- [ ] create a large symbol of Earth Hour.
- [ ] turn off the lights in Isfahan.
- [ ] swim in the River Zayandeh.

i) In Belgium there will be concerts
- [ ] in 40 bars.
- [ ] for 40 hours.
- [ ] in 40 homes.
- [ ] by over 40 bands.

k) Some film actors are taking part in the Earth Hour celebrations in
- [ ] Sydney.
- [ ] Singapore.
- [ ] Belgium.
- [ ] Tahiti.

3. Two different worlds

Meena is an Asian girl growing up in an English village in the 1970s. She lives there with her mother, father and brothers.

Although her family seems to be perfectly integrated, they sometimes still feel like strangers. At the beginning of the following extract, Meena is once again in trouble for telling lies.

"Why do you do this, Meena?" she would wail, wringing her hands unconvincingly, a parody of a Hindu movie mama. "You are only four/seven/nine … Isn't your life interesting enough without all these stories?"

Well, naturally the answer was no, but I did not want to make mama feel that this was her fault. Besides, I enjoyed her anger, the snapping eyes, the shrieking voice, the glimpse of monster beneath the mother; it was one of the times I felt we understood each other perfectly.

No one else outside our small family ever saw this dark side of mama; to everyone else, she was the epitome[1] of grace, dignity and unthreatening charm. She attracted admirers effortlessly, maybe because her soft round face, large limpid eyes and fragile, feminine frame[2] brought out their protective instincts. Tragedy, amusement and bewilderment would wash across her face like sea changes, flowing to suit the story of whoever she was listening to, giving them the illusion that they could control the tides. She was as constant as the moon and just as remote, so the admiration of the villagers was always tempered with a deferential respect, as if in the company of minor royalty.

"Oh Mrs K," Sandy, the divorcee two doors down, would sigh, running her fingers through her hennaed hair, cocking her head to one side whilst widening her bright blue eyes, giving her the air of a startled parrot, "you are a duck."

This was after my mother had lent her butter or given her a lift down to the shops or taken her son, Mikey, in for some pop and crisps when Sandy missed her bus back from work.

"You're so lovely. I never thought of you as, you know, foreign. You're just like one of us." My mother would smile and graciously accept this as a compliment. And yet afterwards, in front of the aunties, she would reduce them to tears of laughter by gently poking fun at the habits of her English friends. It was only much later on that I realised in the thirteen years we lived there, during which every weekend was taken up with visiting Indian friends or being invaded by them, only once had any of our neighbours been invited further than the step of our back door.

The aunties all had individual names and distinct personalities. Although none of them, nor their husbands, the uncles, were actually related to me by blood, Auntie and Uncle were the natural terms given to them, to any Asian person old enough to boss me around. This was an endless source of confusion to our English neighbours, who would watch tight-lipped as mama's and papa's friends would phut-phut[3] into our communal dirt yard and heave themselves and their several kids out of their hatchbacks, unfurling shimmering saris and clinking with jewellery, holding up their embroidered hemlines from the dirt floor. As I dutifully kissed every powdered or stubbly cheek with a "Namaste[4] Auntie, Namaste Uncle" and led them towards our back door, I could see our neighbours shift uncomfortably, contemplating the apparent size of our family and the fact we had somehow managed to bring every one of them over here.

Adapted from: Meena Syal: Anita and Me, Harper Perennial

1 epitome = a perfect example of
2 frame = *here*: body
3 phut-phut = *here*: the noise made by an old car
4 Namaste = an Indian form of greeting

Answer the questions.

a) Describe Meena's mother when she is angry. (two details) 2 pts.

b) What, in Meena's opinion, makes other people want to protect her mother? (two details) 2 pts.

c) What do you know about Sandy's family background? (one detail) 1 pt.

d) What does Meena's mother do to help Sandy? (one detail) 1 pt.

e) How often have other adult neighbours been invited into Meena's house? 1 pt.

f) Who are the people Meena calls "Auntie" and "Uncle"? 1 pt.

You cannot find the answers to the following questions directly in the text:

g) What does Meena's mother think about her English neighbours? 1 pt.

h) What do the English neighbours think about Meena's family? 1 pt.

C Mediation

Eure Klasse macht im Mai eine Abschlussfahrt nach London. Ihr sollt für den ersten Tag eine Stadtrundfahrt organisieren und entscheidet euch für eine nächtliche Tour zu den Sehenswürdigkeiten. Ihr habt eine Internetseite über die Tour gefunden.

Beantwortet die Fragen eurer Mitschülerinnen und Mitschüler stichwortartig auf Deutsch.

a) Warum sollten wir uns London bei Nacht ansehen und nicht eine Bustour am Tag machen? 1 pt.

____

b) In welcher Sprache wird die Tour stattfinden? 1 pt.

____

c) Ihr habt erzählt, es handelt sich um eine „Hop-on-Hop-off"-Tour. Was bedeutet das? 1 pt.

____

d) Wie viel kostet das günstigste Ticket für unsere Altersgruppe? 1 pt.

____

e) Wofür – außer Essen und Trinken – müssen wir extra bezahlen? (zwei Informationen) 2 pts.

____

____

f) Was ist die Voraussetzung, damit unsere Gruppe den Bus alleine nutzen kann? 1 pt.

____

g) Wie lange dauert eine Rundfahrt ohne Unterbrechung? 1 pt.

____

h) Angenommen, wir haben bereits gebucht und bezahlt und können dann doch nicht fahren. Was passiert dann mit unserem Geld? 1 pt

____

i) Wie kann man den Veranstalter kontaktieren? (zwei Informationen) 1 pt.

____

London by Night Tour

Take a London by Night Tour and the city will appear entirely different from how it is during the day.

Duration: at least 1 h 45 m **Available:** daily at 7 pm **Available Languages:** English

This London by Night Tour will reveal the floodlit splendour of London's landmarks as dusk falls. When twilight descends upon London, you will see the attractions of the city in a new light. This sweeping, wide-ranging bus tour will encompass the most exciting areas of this world-renowned capital.

Hop on and Hop off
Pay once and use your ticket to hop on and hop off the tour at whatever stop you wish all evening.

Includes
Panoramic 1 hour 45 minutes tour of London's most remarkable regions and landmarks:

- View such iconic structures as Buckingham Palace and Tower Bridge.
- See celebrated areas of London including Trafalgar Square and Piccadilly Circus.
- Enjoy the insights and fascinating facts offered by your professional English-speaking guide.

Excludes

- meals and drinks
- tips and gratuities
- optional activity costs
- personal expenses

Timetable
Tours start at 7 pm
(see extra timetable for details)

Your own London by Night Tour
For larger groups (more than 20 persons) we can arrange for a bus to operate your own dedicated tour. Telephone Go-Ahead-London on 02085456110 for more information.

How do I book?
You can book online in 3 easy steps:

1. Select date and number of persons. You will be redirected to the Shopping Cart page.
2. On the Shopping Cart page, continue shopping or check out.
3. Enter basic travel, name, and credit card details in the Check-out Form.

Upon booking, you will receive a voucher by e-mail containing all details about the tour. You can check the status of your booking at any time.

After you book
Please print the electronic voucher sent to you. It contains the operator's complete contact details and local telephone numbers. Give the voucher to the operator on the day of the activity.

What if I need to change or cancel my booking?
That's OK. We will try to be as flexible as possible. But you must inform us by e-mail of the change or cancellation as soon as possible.
75 % of the amount will be credited back to your credit card account. Contact our Customer Service for help with changes or cancellations. Or read our Cancellation Policy.

Great Value Fares

	adult	child (3–12 years)	family
Buy on bus	£ 19.00	£ 16.00	£ 60.00
Buy online	£ 15.00	£ 10.00	£ 40.00

For more information and booking, contact enquiries@londonbynight.com

Adapted from: www.london-by-night.net

D Use of Language

1. A term abroad

Complete the text with the correct form of the verbs. 8 pts.

Max is from Munich. Two years ago, he (spend) ________________ six months on Australia's Gold Coast. Now seventeen, he (be) ________________ just fifteen when he went there. "If I (go) ________________ abroad later, I would have had to repeat a year at school," he explained. He had talked to his parents about his plans before he left and they said they (support) ________________ him if he really wanted to go. His trip (organise) ________________ by an organisation specialising in school terms abroad. Before he left for Australia, Max (speak) ________________ to his host family several times on the phone. Once there, he soon felt at home and he (keep) ________________ in touch with his host family since his return to Munich. His future plans? He (go) ________________ back to see his host family as soon as he has finished school in Germany.

2. Keeping cool in the heat

Read the text, then tick (✓) the correct words. 7pts.

What do you like doing best on a really hot day? Some people try to keep cool by __❶__ ice cream, and there are plenty of delicious __❷__ around these days. Since the invention of ice cream all those years ago, it has taken __❸__ our freezers.
__❹__, another way to keep cool is drinking a hot drink. When you drink something hot, your body loses heat through your skin, meaning you are __❺__ than before.
A popular favourite with young __❻__ is the open-air swimming pool. I can't wait to get down there once this exam is __❼__!

❶	❷	❸	❹
☐ eat	☐ variation	☐ over	☐ Surprise
☐ ate	☐ various	☐ in	☐ Surprisingly
☐ to eat	☐ varieties	☐ off	☐ Surprising
☐ eating	☐ variety	☐ out	☐ Surprised

❺	❻	❼
☐ as cool	☐ people	☐ down
☐ coolest	☐ peoples	☐ over
☐ the coolest	☐ person	☐ under
☐ cooler	☐ pupil	☐ up

E Text Production

Choose one of the following tasks and write about 150 words.
Count your words and write the number at the end of the text. 25 pts.

What is the story behind the picture?

Imagine you are one of the people in this picture.

Write a text and include at least **four** of the following aspects:

- Who are you?
- Why are you there?
- When did you first meet?
- What are your feelings?
- What will happen next?

or

Food in school cafeterias

The "Better Food Foundation" is a project started by Jamie Oliver to improve the quality of school food. On their website, you find this blog entry:
"I don't care about the food in my school cafeteria. They are always trying to improve it but it never gets any better."

You decide to comment on this post and write about your school cafeteria and about the quality of the food.

Write a reply to the blog entry and include at least **four** of the following aspects:

- choice and quality of food in your cafeteria
- room used for meals
- importance of the cafeteria to you and your friends
- importance of healthy food to you (and your friends)
- suggestions as to what could be improved